近代维新先驱 陈宝箴

陈柏生 编著

暨南大學出版社
JINAN UNIVERSITY PRESS

中国·广州

图书在版编目（CIP）数据

近代维新先驱陈宝箴/陈柏生编著．—广州：暨南大学出版社，2016.7
ISBN 978－7－5668－1857－7

Ⅰ.①近…　Ⅱ.①陈…　Ⅲ.①陈宝箴（1831—1900）—生平事迹
Ⅳ.①K827＝52

中国版本图书馆 CIP 数据核字（2016）第 115319 号

近代维新先驱陈宝箴
JINDAI WEIXIN XIANQU CHEN BAOZHEN
编著者：陈柏生

出 版 人：徐义雄
策划编辑：李　战
责任编辑：黄　颖　胡　芸
责任校对：黄志波　周海燕
责任印制：汤慧君　王雅琪

出版发行：暨南大学出版社（510630）
电　　话：总编室（8620）85221601
营销部（8620）85225284　85228291　85228292（邮购）
传　　真：（8620）85221583（办公室）　85223774（营销部）
网　　址：http：//www.jnupress.com　http：//press.jnu.edu.cn
排　　版：广州市天河星辰文化发展部照排中心
印　　刷：佛山市浩文彩色印刷有限公司
开　　本：850mm×1168mm　1/32
印　　张：7.25
字　　数：180 千
版　　次：2016 年 7 月第 1 版
印　　次：2016 年 7 月第 1 次
定　　价：22.00 元

前言

1983 年，我在查阅历史参考资料时，偶然发现中国人民政治协商会议全国委员会文史资料研究委员会编辑的《文史资料选辑》第 87 辑中宗九奇先生提供的“陈宝箴之死的真相”资料，引起了我学习研究的兴趣。当时，全国正处于改革开放的起步阶段，而陈宝箴为官治政的重要时段在湖南。研究探索陈宝箴在湖南的新政很切合湖南的实际。于是我在 1983 年秋写成了一篇约四万字的论文《近代振兴湖南的先驱陈宝箴》，烦请当年我的老师——湖南师范大学林增平先生过目，以求得老师指点。林增平先生看后建议：“文章紧贴时代脉搏，切合湖南实际，但作为论文发表太长，作为专著出版又太短，你可先就陈宝箴死因问题写篇短文发表自己的观点，再把这篇论文精缩成万字左右给我看看。如有兴趣，以后还可探索写成专著。”

我遵照林增平先生的建议，先摘录论文结论部分，以“陈宝箴死因新说”为题，在《求索》1987 年第 6 期上发表；以“揭开九十年前的一桩历史疑案——慈禧秘杀湖南巡抚陈宝箴真相”为题，在《湖湘论坛》1992 年第 1 期上发表；以“近代振兴湖南的先驱陈宝箴——兼论戊戌变法时期的湖南新政”为题，在《云梦学刊》1988 年第 3、4 期上全文发表，

1988 年 2 月 4 日《光明日报 · 文摘版》第 492 期予以摘要转载。

由于日常事务工作较忙，退休后又旅居国外多年，一直未能落实林增平先生的建议。直至年逾古稀才想起今生尚有一事未能如愿。出于对林增平先生的尊重，我必须努力去完成林先生生前给我的建议课题。于是，又重拾原稿，继续探索挖掘，充实提高。我拜读了刘梦溪和田胜钧等专家学者的大作，其精妙文论和精美文辞，其点睛之笔和经典史例，给了我新的启发和灵感，使我沉睡了二十余年的原稿渐复生机，给我垂暮余年增添了读史乐趣。在此谨向各位专家学者、校友表示真诚的谢意。

据宗九奇先生称："1952 年冬，家父宗远崖（中华诗词学会顾问）与闵孝同（江西省文史馆馆员）、汪际虞（九江一中语文教师）二位先生在戴宅与（戴）远传翁晤谈，言及陈三立《湖南巡抚先府君行状》一文中，措辞之痛心疾首，戴翁特将其手稿出而视之。"戴明震 20 世纪 50 年代任教九江二中，"文革"中去世，其父戴远传，字普之，1954 年卒于九江浔阳。戴远传的父亲，晚清当朝千总公戴闳炯，是领太后密旨，率兵弁从江西巡抚松寿直奔西山崝庐，宣太后密旨，赐陈宝箴自尽的执行人，他记录了此次执行密旨的全过程。其子戴远传把父亲执行密旨过程的文稿摘录下来，便成为《文录》手稿。而宗九奇父亲宗远崖又从戴明震处抄录了其父戴远传所记之《文录》。

该手稿记载："光绪二十六年六月二十六日，先严千总公（名闳炯）率兵弁从巡抚松寿驰往西山崝庐宣太后密旨，赐陈宝箴自尽。宝箴北面匍伏受诏，即自缢。巡抚令取其喉骨，奏报太后。"

陈宝箴父子在湖南为官多年，“一生行事之大者在湖南，尤习于湖南，乐用其人，人亦乐之”，一心要以湖南“一隅致富强，为天下倡”。① 他在湖南推行一系列新政措施：创建报馆；兴建时务学堂、武备学堂；设立南学会、校经学会、舆地学会、方言学会；创办内河航运；修筑铁路、公路；开办机器制造公司、电灯公司、火柴公司、邮政电报公司、水利公司、化学公司、煤油公司；创办矿务局、官钱局、铸钱局；开办一系列工商企业，取得卓越成效，使湖南成为近代中国的一面旗帜。“外人至引日本萨摩、长门诸藩以相比，湖南之治称天下。”② 陈宝箴在湖南立下了汗马功劳，做出了杰出的贡献，为湖南近代事业慷慨献身，成为近代振兴湖南的先驱。陈宝箴父子的功绩不仅是义宁陈氏家族丰厚的非物质文化遗产，也留给了湖南人民宝贵的精神财富，对今天的改革开放、反腐倡廉和中华民族的伟大复兴具有重要的历史意义和现实意义。

谨以此书献给近百年以来，为中华民族伟大复兴而慷慨献身的先驱和英雄！

陈柏生

2016 年 5 月 10 日

---

① （清）范当世：《故湖南巡抚义宁陈公墓志铭》，马卫中、董俊珏：《陈三立年谱》，苏州：苏州大学出版社，2010 年，第 220 页。

② （清）陈三立著，李开军点校：《散原精舍诗文集》（下册），上海：上海古籍出版社，2003 年，第 854 页。

目录
CONTENTS

屈死流芳

立志维新

第一章

铁肩妙手　三代四杰铸辉煌

长沙岳麓书院正门有一副脍炙人口、蜚声中外的名联："惟楚有材，于斯为盛。"近两百年来吸引了万千游客驻足观看，品味吟哦。门联展示了湖南近代史上人才辈出、群雄崛起的兴盛景象。

三湘沃土，人杰地灵。近代以来从这里走出一批批政治、军事、文化、科技各路精英和英雄俊杰，人才之多，史无前例，对近代中国和湖南的社会发展产生了深远的影响，湖南的英雄才俊用智慧和鲜血谱写了近代历史的新篇章。据《辞海》所载，近代中国领军人物湘籍人士有 44 人，现代中国领军人物湘籍人士有 63 人，人数均居全国之冠。颇具名声的有：以陶澍、魏源、贺长龄等为代表的经学主变派，以曾国藩、曾国荃、胡林翼、左宗棠、郭嵩焘、陈宝箴等为代表的理学经世派，以谭嗣同、唐才常、沈荩、杨毓麟、熊希龄等为代表的资产阶级维新派，以黄兴、蔡锷、陈天华、宋教仁、焦达峰等为代表的资产阶级革命派；以谭延闿、杨度、刘人熙、符定一等为代表的君主立宪派，以及以毛泽东、蔡和森、何叔衡等为代表的无产阶级革命派，还有中国共产党和国家领导人刘少奇、任弼时、李富春、李维汉、李立三、林伯渠、谢觉哉、徐特立、谭震林等，新中国开国元勋彭德怀、贺龙、罗荣桓、陈赓、谭政、萧劲光等，中共中央前总书记胡耀邦、前总理朱镕基，著名文学家、艺术家、学者有何绍基、章士钊、齐白石、田汉、丁玲、周立波、沈从文等。三湘人才何以层出不穷，“灿若群星，辉映神州”？要追溯其中的奥秘，得详尽解读晚清抚湘官员陈宝箴鼎力维新变法、誓死振兴湖南的光辉业绩和辉煌成就，以及陈宝箴一门三代四杰的显赫奇才与卓越贡献。

一、忧国恤民陈宝箴

陈宝箴，祖籍福建上杭，后迁江西义宁，世祖陈魁，高祖陈文亮，曾祖陈腾远，祖父陈克绳，父亲陈伟琳。祖父陈克绳以上四代，均是面朝黄土背朝天，勤苦劳作，以农为生，第五代陈伟琳，艰苦卓绝，奋力打拼，转而以儒为业。陈伟琳对义宁陈氏家族最大的贡献，是培养了智勇双全、德才双馨的精神贵族陈宝箴，在父祖辈孜孜不倦的教诲和潜移默化的熏陶之下，陈宝箴稳步登上了近代中国的政治舞台。正如国学大师吴宓在《读散原精舍诗笔记》中所云：父祖辈不懈的努力，使义宁陈氏家族成为“握世运之枢轴，含时代之消息，而为中国文化与学术德教所托命者”，从而赢得了近代中

陈宝箴

国“文化贵族”和“模范人家”的誉称。陈宝箴世家历经百年沧桑，出现了三代堪称时代英俊的杰出人物。历史证明，个人的命运与追求只有与国家民族的命运前途相结合，融合于时代精神及历史潮流之中，才会大有作为并取得辉煌成就。

陈宝箴自幼聪敏过人，早年中举出仕，参加湘军，追随席宝田迎战太平军，官至知府，其文才武略和施政治军的才能备受曾国藩赏识。曾任浙江、湖北按察使，直隶布政使。1895年任湖南巡抚，鼎力推行新政，极力振兴湖南各行各业的发展。他甫一上任，即整肃吏治，赈灾垦荒；兴办实业，鼓励工商；立会兴学，培植贤良；开创报馆，倡说救亡；举荐人才，治国兴邦；蒙冤遇难，青史流芳。戊戌变法前夕，陈宝箴奏请朝廷在全国推行新政，提出兴事、练兵、筹款三策挽救民族危亡。举荐杨锐、刘光第辅佐朝廷，参与新政。陈宝箴在湖南励精图治，推行新政，实行一系列新政措施，创办《湘学报》《湘报》，开办一系列工商企业，使湖南成为近代中国变法维新的一面旗帜。

中国现代著名西洋文学家、国学大师，与陈寅恪、汤用彤并称“哈佛三杰”的吴宓，在《空轩诗话》中评价称：“义宁陈氏门，实握世运之枢轴，含时代之消息，而为中国文化学术德教之所托命者也。若夫修河水，清波澄明。右铭公，千城闻达。时当清末，名满桑梓。迨西南霹雳，惊破萤窗之梦；湘乡药笼，遂纳翠巅之精。旌旆之指，千帆如马；襄赞之功，三策似虹。于是纵肆医国之术，慨然揽辔之能。虽仅开一隅维新风气，而已匡天下鼎革根基。此亦横咨郡国照车之珠彩，无憾江河少微之星光。至若劳臣蒿目祭心，虚抛苌虹碧血；冲人远识孤怀，空颁传野纶音。固缘时运且仅臧仑。盖方刚皎玉，非茸骑鸥伍所宜知也。”

二、恫瘝在身陈三立

陈宝箴长子陈三立（1853—1937），字伯严，号散原，出身书香门第，与谭延闿、谭嗣同并称“湖湘三公子”；与谭嗣同、徐仁铸、陶菊存并称“维新四君子”，是近代同光体诗派的重要代表人物，被誉为中国最后一位传统诗人。陈三立年少智识不凡，博学多才，洒脱开朗，不受世俗礼法约束。27岁随父往河北分巡道（今河南武陟县），29岁参加乡试，拒八股文应试，以散文体作答，遭考官摒弃，主考陈宝琛赏识其才，破例录为举人；33岁参加会试回到长沙，与王闿运等文人结碧湖诗社；36岁参加殿试中进士，授吏部主事，未就，随父往湖北布政使任所，应张之洞之邀，为两湖书院校阅试卷。

甲午中日战争后，李合肥（鸿章）赴日签订《马关条约》，陈三立闻讯激愤填膺，急电张香帅（之洞）：“吁请诛合肥以谢天下。”他往侍父侧，襄与擘画，推行新政，罗致人才，革新教化，效力尤多。1898年戊戌政变时，以“招引奸邪”罪被革职不用。随父回江西居西山崝庐。1900年方移家南京，即闻父丧。家国之痛，久久难平，更无心仕途，购金陵青溪畔屋十楹，自号“散原精舍”。常与友以诗文唱和相遣，自嘲“凭栏一片风云气，来做神州袖手人”。陈三立早年即有“吏部诗名满海内”之誉，此后虽不问政，但热衷于为社会兴利。1903年办家学一所，又赞助柳诒徽创办思益小学堂，让出住宅充教室，延聘外国教师，开设英语、数学、物理、化学新课，注重学生德智体美全面发展，废除八股文体和跪拜礼节，禁止死记硬背及体罚学生，开创了新式学校的先例。1905年与李有芬创办江西铁路公司，倡修南浔铁路。1906年夏，义宁大荒，铜鼓双坑饥民往宜丰天宝买粮，富商何大毛诬称“匪徒抢劫”，挑起斗殴，杀死饥民 57 人，民众控诉不得上达，陈三立主持正义，具陈上疏，终获刑部详察，严惩主犯和当地知县，终使冤案大白。陈三立为政清廉，淡泊名利，既拒绝湖南官绅奏请为父陈宝箴塑立铜像，又拒绝袁世凯君主立宪时给他委任参政议员的官禄。

1932 年，“一・二八”事变发生，日军侵占上海闸北，陈三立居庐山牯岭，日夕不宁，每日读报，夜梦中竟发出“杀日本人”的呼喊，其忧国忧民之心令人动容。次年闻好友郑孝胥投靠日本辅佐溥仪建立伪满傀儡政权，陈三立痛斥其“背叛中华，自图功利”。在再版《散原精舍诗》时，愤然删去郑序与之断交。蒋介石到牯岭避暑，闻陈三立也住牯岭，差人求见，遭到断然拒绝：“我已经是一个不闻世事的世外之人，即使我们会晤了也没有什么可谈的，我看还是不必来见吧。”1934 年移居北平，目睹遭八国联军破坏的西山八处，连叹“国耻”！

1937 年，卢沟桥事变爆发，他愤然表示：“我绝不逃难！”闻有人议论中国必败，他怒不可遏，怒骂道：“呸！中国人岂狗彘耶？岂贴耳俯首任人宰割？”北平、天津相继沦陷，日军欲招抚陈三立，百般游说遭拒，侦知日伺其门，他呼佣以扫帚将其逐出。从此绝食，五日后忧愤而逝，享年 85 岁。其原配武宁罗氏，四川雅州知府罗亨奎女，26 岁殁，生二子：陈衡恪、陈同亮（殇）。继配俞明诗，湖南候补知县浙江山阴俞文葆女，59 岁殁，生四子：陈隆恪、陈寅恪、陈方恪、陈登恪；三女：陈康晦、陈新午、陈安醴。长子陈衡恪又名陈师曾，近现代著名画家、艺术家；次子陈隆恪为著名诗人；三子陈寅恪，为中国近现代最负盛名的历史学家、语言学家；四子陈方恪，著名编辑、诗人；幼子陈登恪，为著名词人；孙子陈登怀（衡恪之子），是著名的植物学家，中国植物园的创始人，有“植物园之父”的称号。

梁启超评陈三立曰：“其诗不用新异之语，而境界自与时流异。浓深俊微，吾谓于唐宋人集中，罕见伦比。”同光体理论家陈衍评曰：“五十年来惟吾友陈散原称雄海内。”当代植物学家、植物分类学奠基人胡先骕评曰：陈诗景深意阔，“如长江下游，烟波浩渺，一望无际，非管窥蠡酌所能测其涯涘者矣”。近代掌故大家徐一士在《一士类稿》中评价：“萧然物外，不染尘氛”，“以贵公子而为真名士，虽尝登甲榜，官京曹，而早非仕宦中人，诗文所诣均精，亦足俯视群流”。李之鼎评曰：“天下久震矜其诗，以为足绍西江诗派。”杨声昭评曰：“光宣诗坛，首称陈（三立）郑（孝胥）。”汪国垣评曰：“都头领天魁星及时雨宋江当之。”国学大师吴宓评曰：“三立公，一代诗伯，坐榻论道，声气四海，凭轼建功，欲摧颓城。公大幸乎青紫之贵，不幸乎青紫之贵。楚材未用，公干何辜。铜梁负米，幕中吐卑，陆绩怀橘，江东忆尊。”

三、砚耕不辍陈衡恪

陈宝箴长孙，陈三立之子陈衡恪（1876—1923），字师曾，号槐堂，另号朽道人。生于湖南其祖父陈宝箴府衙中，近现代著名画家，誉称画坛泰斗、全才艺术家。陈衡恪自幼聪慧过人，6 岁即自学绘画，10 岁能作诗文，19 岁从周大烈学文学，从范镇霖学汉隶、魏碑及楷书，从范肯堂学行书。26 岁赴日本留学，初入巢鸭弘文学院，31 岁入东京高等师范博物科，34 岁毕业回国。先后在江苏南通师范大学、湖南第一师范学院任教。38 岁时赴京，任教育部编审兼北京女子高等师范及女子师范博物教员；连续五年兼任北京高等师范手工图画专科国画教员，连续八年任北京美术学校及美术专门学校国画教授。其绘画、篆刻、诗文、书法兼长，功艺精深渊博，曾得吴昌硕亲授。其山水画参合沈周、石涛笔法，喜作园林小景。写意花果取法陈道复、徐渭等人，善聚诸家之长自成一体，别具新格，富于创造性。常以"虚实相生"手法大胆省略，以空衬实，意境深远开阔。并与金石文字情趣相融，别有一番风格韵味，极为重视文人画，曾译日本大村西崖所著《文人画之复兴》，并附己作《文人画之价值》，总结文人画须具有人品、学问、才情、思想四要素。每以诗文状所画之物，褒贬鲜明，意趣昂扬，如所画败荷枯苇和一枝挺立的莲蓬，题以"晓荷枯苇战秋风"，把容易引人悲观失落之景转化为积极向上的乐观精神；又如对《犬》画题诗："不信而今无孟尝，吠声吠影枝偏长；颈铃俨若印悬肘，恃宠骄人两眼方。"对鸡鸣狗盗、仗势欺人之徒嬉笑怒骂，痛快淋漓。其风俗人物画被称为中国最早的现代漫画，描写劳苦大众生活，揭露黑暗社会现实。如《墙有耳》一画，以茶馆为题材，厅内正面赫现"闲谈莫论国事"，厅外有人耳贴墙壁探听茶客言谈，深刻讽刺了当时军阀统治，镇压舆论的丑行。

陈衡恪主张以国画为主，兼采西法，重视向国内外举办画展，宣传发展繁荣国画艺术。1923 年，应日本画家渡边晨亩之邀，赴日本举办画展，画作被争抢一空，首次推荐展出齐白石《杏花》，深受海外艺林赞赏，成为齐白石的引路人。他还擅长篆刻，追师缶翁，于汉铜、鼎彝、砖瓦、陶文、泉布等博征广求。其章法古朴淳厚，刀法平实稳健，京城著名篆刻家姚华（重光）誉称其为近代印人之最者，其书法极得鲁迅推崇，曾为鲁迅翻译的《域外小说集》及《会稽郡故书杂集》题写封面，鲁迅给予极高评价。鲁迅在《〈北平笺谱〉序》中称：义宁陈君师曾“镇纸画稿，俾其雕镂，既成拓墨，雅趣盎然”，“才华蓬勃，笔简意饶”，“而诗笺乃开一新境”。一代宗师吴昌硕评价称“师曾老弟以极雄丽之笔，郁为古拙块垒之趣，诗与书画下笔纯如”。周作人评价陈师曾说：“他的画是上承吴昌硕，下接齐白石，却比二人似乎要高一等。”近代政治活动家、书画家叶恭绰在《陈师曾遗诗序》中评价说：“君以文人之画，发为画家之诗，探之胸臆而师乎造化。”文坛名宿乔大壮称誉陈衡恪治印有“方寸之间，气象万千”。1923 年夏，因母丧而染伤寒，于 8 月 7 日病逝，年仅 48 岁。其著作有《槐堂诗钞》《陈师曾先生遗墨》《染苍室印存》《陈师曾印存》《中国绘画史》《中国文人画之研究》《陈师曾先生遗诗》及后编遗作《不朽录》等，其《中国绘画史》被后世誉为近代研究中国画史的先导。陈衡恪逝后，京城文艺界在江西为其举行追悼会并展览其遗作，众多艺人发表沉痛演说，梁启超喻其去世为“中国文化界之大地震”，评价他是“现代美术界具有艺术天才、高尚人格、不朽价值的第一人”。

四、学理深绝陈寅恪

陈宝箴第三孙、陈三立第三子陈寅恪（1890—1969），生于湖南长沙，中国近现代历史学家、古典文学研究家、语言学家、“中央研究院”院士，通晓十几种语言。长期从事教学和研究工作。他治学严谨，实事求是，在研究中写出了高水平的史学著作，开拓了史学研究界人士的视野，为我国史学研究做出了杰出的贡献。其生平著有 200 余万字的《陈寅恪选集》。

其夫人唐筼是台湾巡抚唐景崧的孙女，也是教授，两人在清华园相识，志同道合，1928 年在上海结婚。

陈寅恪少年时在南京就读私塾，在家族浓厚书香氛围中从小就能背诵十三经，广泛阅读经、史、哲学典籍。12 岁时随衡恪兄东渡日本，入巢鸭弘文学院，15 岁回国就读上海吴淞复旦公学。20 岁考取官费留学，先后就读于德国柏林大学、瑞士苏黎世大学、法国巴黎高等政治学校，1914 年第一次世界大战爆发后回国。1918 年又得到江西官费资助再度出国游学，先在美国哈佛大学就读。1921 年转往德国柏林大学攻读东方古文字学。留学期间勤奋刻苦，具备了阅读蒙古、藏、满、日、梵、英、法、德、波斯、突厥、西夏、拉丁、希腊等十几种语言的能力，大量吸取了西方文化。1925 年回国，正遇清华改制为大学，研究院主任吴宓很器重他，称他为“全中国之最博学之人”。梁启超很尊重他，向人介绍“陈先生的学问胜过我”。36 岁就与梁启超、王国维一同应聘为清华大学国学研究院导师，并称为“清华三巨头”。他在国学研究院指导研究生，并在北京大学兼课，引用多种语言佐证历史，或引诗举史，从《连昌宫词》到《琵琶行》《长恨歌》皆信口引用，文指出处，无不精准，阐发更为精到，无不令人叹服！1930 年任清华大学历史、中文、哲学三系教授，兼“中央研究院”理事、历史语言研究所研究员及第一组（历史）主任、故宫博物院理事等职。他继承了乾嘉学派治史重证据、重史实的科学精神，吸取西方的“历史演进法”，运用中西结合的考证比较法，对史料穷本溯源，确切核定，综合分析，求得历史的真相，发展了我国历史考据学。1938 年，日本史学权威白鸟库吉研究中亚史遇到难题，向德奥知名学者求助，未能解决，柏林大学向其推荐陈寅恪，终得圆满解答。苏联考古学家发掘一突厥文碑石，无人能辨识，请教陈寅恪，得到精准破译。事实证明，陈寅恪是国内外学术界公认的博学多才的史学家，是研究中外文史科学领域中“教授的教授”。新中国成立之初，毛泽东访问苏联，斯大林很关心陈寅恪的健康，询问毛泽东：“陈先生身体如何？”由此可见陈寅恪的学术成就在国际上的地位是何等的非同凡响。

1937 年，抗日战争爆发，日军直逼平津，陈寅恪随校南迁到达昆明。1939 年英国牛津大学聘他为汉学教授，正拟赴任之际遇第二次世界大战爆发，被迫暂居香港，任香港大学客座教授兼中文系主任。1941 年 12 月 8 日，太平洋战争爆发，日军占领香港，陈寅恪立即辞职，日本当局以 40 万日元聘他为香港东亚学院院长，他坚辞不受，次年又派员专程请他去日占区上海授课，又遭拒绝。他出走香港，任广西大学教授，不久移居燕京大学任教。面对民族危亡，国民党政府腐败无能，消极抗战，积极反共，陈寅恪感到十分痛心，而桂林御用文人竟发起向蒋介石献九鼎活动，劝他参加，他作《癸未春日感赋》云“九鼎铭辞争讼德，百年粗粝总伤贫”，以示讽刺。抗战胜利后，他再次应聘赴牛津大学任教，因眼病复发，几近双目失明，遂辞去聘约，返回祖国，任教于清华大学。新中国成立前夕，他到广州，拒绝了傅斯年要他去台湾、香港的邀请，任教于广州岭南大学，后移教于中山大学。陈毅、陶铸、周扬、胡乔木、郭沫若都敬重他的学识人品，关心他的身体健康。其助手黄萱感慨地说：“寅师以失明的晚年，不惮辛苦，经之营之，钩稽沉隐，以成此稿（即《柳如是别传》）。其坚毅之精神，真有惊天地、泣鬼神的气概。”

动乱年代，陈寅恪的诗书遭四次浩劫：清华园的盗贼、抗战流离颠沛途中、内战时卖书购煤取暖、“文革”中红卫兵抄家。十年动乱期间，批判喇叭架到了床头，陈寅恪受到了残酷的精神折磨，珍藏多年的大量书籍、诗文书稿多被洗劫，有诗联云："涕泣对牛衣，卌载都成断肠史；废残难豹隐，九泉稍待眼枯人。"1969 年 10 月 7 日，陈寅恪终因心力衰竭，骤发肠梗阻麻痹与世长辞，享年 80 岁。其骨灰葬于庐山植物园。

陈寅恪真可谓"学富五车，才高八斗"，毕生著作等身，成就辉煌，除了饱览群书、拼搏进取之外，自幼聪敏也超乎寻常。12 岁时即预感到清政府的覆灭与天下大乱。据《赠蒋秉南序》所载："清光绪之季年，寅恪家居白下，一日偶检架上旧书，……当读是集时，朝野尚称苟安，寅恪独怀辛有索靖之忧，果未及十稔，神州沸腾，寰宇纷扰。"故后人有评曰："陈先生由学者进而哲人的境界。……先生如入《儒林传》，古今大儒失色；先生如入《文苑传》，天下文人黯然；先生如入《道学传》，大师让出一头；先生如入《隐逸传》，隐者奔走骇汗。先生究竟应归入哪一类人物，且置不论。以上种种，又当以'少喜临川'而'老同迂叟'、少游欧美而晚著痛史、学贯中外而属命河汾（见《寒柳诗之境界》），为此老一生大事因缘，方可得其荦荦大端。先生诗心、史笔浑然一体，表彰我民族独立之精神、自由之思想。"《吴宓文集》云："宓于民国八年在美国哈佛大学得识陈寅恪，当时即惊其博学，而服其卓识，驰书国内诸友谓：合中西新旧各种学问而统之，吾必以寅恪为全中国最博学之人。""寅恪虽系吾友，而实吾师。"傅斯年对陈哲三说："陈先生的学问近三百年来一人而已。"胡适于 1937 年 2 月 22 日在日记中称："寅恪治史学，当然是今日最渊博、最有识见、最能用材料的人。"《石泉访谈录》称，其家世是晚清变法思潮中的中坚产物。

陈宝箴全家福

陈宝箴一门三代四杰，受任于国难当头，奋起于民族危亡之际，尤其是陈宝箴和陈三立父子，为湖南民众奔走呼号，为湖南的新政事业奋力拼搏，置生死于度外，为中华民族的伟大复兴，在湖南开辟了一片崭新的天地。也为后来的辛亥革命和新中国的成立奠定了坚实的思想、物质基础，培育了大批军政科技人才。可以说，湖南的新政成就和中国的命运、前途有着不可割舍的历史渊源。陈宝箴一门三代四杰铁肩担道义，妙手著文章，成为全国的精神领袖、道德楷模和现代文明的光辉典范。

第二章
马关签约　痛心国耻立志向

鸦片战争爆发后，清政府“向来无一策，富贵只求和”①。甲午中日战争以后，更是开门揖盗，割地苟安，不惜“量中华之物力，结与国之欢心”②。曾是“遣唐”弟子的日本，打败了为自己传道授业解惑的“恩师”，强行割走了辽东半岛、台湾、澎湖列岛，掠去了二亿两巨额白银。偌大的中国开始“瓜分豆剥，渐露机芽”③，列强瓜分狂潮迭起，中华民族危机日益深重，接踵而至的列强侵略，严重威胁到中华民族的存亡，激发了中国社会变革的欲望，民族资产阶级开始作为新的社会政治力量登上历史舞台，中国社会各阶层志士仁人在寻求救亡图存的过程中凝聚、团结起来，形成一股旨在革故鼎新的时代潮流。于是“挽救民族危亡，发展资本主义，遂成为社

---

① 邹增佑：《闻和议订约感赋》，阿英编：《甲午中日战争文学集》，北京：中华书局，1958 年，第 100 页。

② 王芸生编著：《庚子事变》，《六十年来中国与日本》（第四卷），北京：生活·读书·新知三联书店，1980 年，第 29 页。

③ （清）康有为：《上清帝第五书》，中国史学会主编：《中国近代史资料丛刊第八种：戊戌变法》（第二册），上海：神州国光社，1953 年，第 188 页。

会生活之根本课题”[1]，出现了以康有为、梁启超为代表的一批先进的中国人掀起的资产阶级领导的有理论、有纲领、有组织的救亡爱国的戊戌变法运动。首先响应变法维新，唯一积极推行新政的开明地方官员、爱国知识分子，便是被清政府顽固派慈禧太后秘密“赐死”的湖南巡抚陈宝箴。

陈宝箴就任湖南巡抚以后，积极响应光绪帝“明定国是诏”的号令，追随康有为、梁启超策划的戊戌变法运动，在湖南首举变法维新大旗，以自身的人格魅力和卓越的施政才能凝聚团结了一批维新派官员、社会才俊及开明士绅。梁启超、谭嗣同等维新派也“欲通湘粤为一气”，“以湘之才，用粤之财”，[2] 来湖南辅助陈宝箴推行新政，把湖南的维新运动推向高潮，使湖南成为全国最有生气的省份。陈宝箴主政下的湖南维新政绩在中国近代史上光彩夺目，成为全国变法维新的一面旗帜。

一、早年经历

陈宝箴，字相真，号右铭，谱名陈观善，晚年自号“四觉老人”。祖籍福建上杭，后迁江西义宁（今修水县）竹塅里。陈宝箴出生于1831年3月2日（道光十一年正月十八日），卒于1900年7月22日（光绪二十六年六月二十六日）。据当地传说：陈宝箴出生的当天晚上，出现了神奇的征兆，下

① 汤志钧：《戊戌变法人物传稿》（上册），北京：中华书局，1961年，第3页。

② 丁文江、赵丰田编：《梁启超年谱长编》，上海：上海人民出版社，1983年，第87页。

竹塅人见上竹塅陈家大屋顶上红光四射，以为失火了，纷纷跑去救火。谁知，赶到陈家不见失火，恰逢陈宝箴降生，屋顶红光也随之消失。陈宝箴的出生，揭开了陈氏家族黄金岁月的序幕。陈宝箴从小就接受了传统的理学教育，他更崇奉王阳明心学，父亲陈伟琳对聪明过人又大胆勇武的陈宝箴倍加喜爱，严格督导，望子成龙。其父陈伟琳是义宁族长。陈宝箴曾祖陈腾远从福建上杭迁居江西义宁后，与其子陈克绳（陈宝箴祖父）两代人“筚路蓝缕，艰苦创辟”①，为义宁陈氏家族事业的兴盛奠定了坚实的基础。陈克绳幼子陈伟琳是一位承前启后、继往开来的关键人物，在义宁陈氏家族崛起过程中起了至关重要的作用，他秉承义宁陈氏家族之遗风和父子两代之蕴藉，奋力向学，成为学有根底的儒者，完成了义宁陈氏家族由以农为生向以儒为业的转变。

二、成才背景

史书有云：“唯楚有材，于斯为盛”，“无湘不成军”，“楚虽三户能亡秦”。曾国藩、左宗棠的湘军把大清的香火延续了近半个世纪，新中国的开国元勋又有很多出自湖南，可以说一部中国近代史和半部中国现代史大多数是湖南人用鲜血和生命写成的。湖南人聪明勇敢，刚烈果断，敢任大事，敢于担当，以天下兴亡为己任，集中体现了中华民族的优秀品德和优良传统。近代湖南人才辈出，涌现了曾国藩、左宗棠、郭嵩焘、胡林翼、席宝田、王闿运、谭嗣同等一大批军政人才。由于清政

① 意为驾着简陋的柴车、穿着破旧的衣服，艰苦创业。《左传·宣公十二年》中有“筚路蓝缕，以启山林”句。

府的腐败无能，无力解决内外交困的矛盾，对外动辄割地赔款，对内无法平息太平天国运动。各地豪杰志士和爱国绅员自发组织团练民兵，抵御太平军的侵扰，在客观上开辟了招贤纳士、造就人才的途径。一批满腹经纶的志士仁人和社会贤达聚集在湘军首领曾国藩的麾下。陈宝箴就是在这样的氛围中和曾国藩的影响下，逐渐成长起来的。

三、初任仕途

1851 年，陈宝箴以附生资格参加南昌辛亥恩科乡试，考中举人。当时，正值太平天国兴起，势力席卷东南诸省，陈宝箴以举人身份随父亲治理乡团，从此开始了他的军旅生涯。在保境安民、组织乡团于连州与太平军作战时，陈宝箴初露头角，显现了他的组织和指挥才能。1860 年，陈宝箴进京赴庚申会试，落第后留京三年，交得“四方隽异方雅之士”，结识了易佩绅、罗亨奎，自称“三君子”，切磋道义、经济之学。此时，正遇翼王石达开率领太平军进攻湖南，易佩绅、罗亨奎二人在湖南巡抚骆文忠的支持下招兵买马，创立“果健营”，邀陈宝箴至湖南充任戎幕，驻来凤、龙山一带，共同抗敌。石达开率领十万太平军来犯，“三君子”领兵“死守累月，粮且尽”。陈宝箴奔走澧州、永顺筹募军粮，永顺守张修府故儒吏出帐迎接，见风雪中陈宝箴仍着单絮衣，忙取狐裘大衣给他披上，陈宝箴拒绝道：“军士饥寒交迫，冻饿已久，我怎能独享饱暖！”张公深受感动，急忙召父老乡亲“输银米济军”。陈宝箴因治军有方，守备“益坚”，使“寇不得逞”而名闻东南。

四、临危受命

随着太平军进攻势头渐猛，江南诸省几落敌手，为了挽救清政府危亡，经郭嵩焘推荐，陈宝箴投身曾国藩幕中，驻守安庆，曾国藩称其“海内奇士”，“引为上客”，其幕僚亦交相引重。[①] 陈宝箴主动请缨，就任江西席宝田军中幕僚，亲访得知彭泽鄱阳赈济敷衍了事，饿殍遍地，“就逆旅斋沐起草，驰书巡抚沈文肃公”，陈述目睹惨状，及禀报江西政要，直言：“赈而不能活，犹弗赈；活而不能久，犹弗活。”沈公受到感悟，“大发帑，全济无算”。[②]

当时，太平军重兵进攻江西，敌寇“蚁集势盛，而席公军单”[③]。陈宝箴察觉沈葆桢与席宝田心存隔阂，两公不能团结对敌。沈葆桢是朝中重臣林则徐甥婿，受林则徐熏陶，为图强救国立有功劳。而席宝田是一介武夫，有军事才干和勇武之气。沈、席互不服气，在强敌面前有被各个击破的危险。陈宝箴拜见沈公，详陈席公为人之长和军事才能，建议两人交谈，相互了解，消除隔阂，团结对敌，方能获胜，若席公败，危及战局，沈公也独立难支，无措手足。沈公猛醒，立即修书，坦诚交流，慰勉席公军绩。从此两公修好，两军团结对敌。“自

① （清）陈三立：《先府君行状》，（清）陈三立著，钱文忠标点：《散原精舍文集》，沈阳：辽宁教育出版社，1998 年。

② 高阳：《清末四公子》，台北：皇冠出版社，1983 年，第 2 页。

③ 汪叔子、张求会编：《陈宝箴集》（下），北京：中华书局，2005 年，第 1996 页。

是沈公、席公深相结，卒以歼寇竟大功。”[①] 陈宝箴凭着自己治军施政的才能，成功调解了沈、席之间的矛盾。1864 年，湘军攻破太平军首府天京，干王洪仁玕等护送幼主洪天贵福秘密逃出天京，一路逃到江西。陈宝箴根据与太平军作战的经验，认为幼主出逃“奔逸数千里，日夜疾行，辎重妇女相随属，见无追军，惫甚，行必缓。我亟趋间道，要击广昌、石城间，寇可灭也”[②]。估计洪仁玕和幼主很有可能由江西逃往福建，建议席宝田派兵到广昌、石城间的杨家牌设伏，突袭太平军。果然不出所料，席宝田于 10 月 9 日夜俘获了太平军将领洪仁玕和幼主洪天贵福，迅速剿灭了江西境内的太平军，从根本上镇压了太平天国运动。陈宝箴由此名震公卿，声布朝野。席宝田看重陈宝箴才思敏捷，足智多谋，举措干练，在他解职归籍之时，竭力奏保陈宝箴出仕，为陈宝箴“叙功保知府”。[③]

五、投奔曾国藩

陈宝箴卸去知府一职，又投奔曾国藩门下为“江南宾僚”。曾国藩“移督直隶”，陈宝箴“欲就官邻省，便养母，遂入觐，以知府发湖南候补”。继而又以“府君之力”平定贵

---

① 汪叔子、张求会编：《陈宝箴集》（下），北京：中华书局，2005 年，第 1996 页。

② 秦经国主编：《清代官员履历档案全编》，岳南：《南渡北归 · 别离》（下），长沙：湖南文艺出版社，2013 年，第 499 页。

③ 胡思敬撰：《党人列传》，《戊戌履霜录》（卷四），上海：上海古籍出版社，1996 年，第 1687 页。

州“苗乱”，因功擢升道员。①

按照常规，上级调解下级之间或同级之间的矛盾，尚可奏效。而由幕僚调解封疆大吏之间的纠纷，成功之例实属罕见。由此可知陈宝箴的胆识和谋略非同一般。曾国藩早在移军安庆之时，就与江西巡抚沈葆桢有约：茶厘捐均为大营共用，有事则需分兵相救。“桂寇”四起，曾国藩挥师东进，沈葆桢担心曾军回救不及时，而上书朝廷获准留厘金养兵。曾国藩怀疑沈葆桢出卖自己，拒绝与沈沟通。此时，正遇陈宝箴“师友会游”到江南，闻知此事，便面见曾国藩进言陈利害，以故事相劝：“家人乘船遇风浪，掌舵人、撑篙人、划桨人互相顿足叫骂、责怪，父子兄弟且不相容忍，待风平浪静，泊船饮酒，又欢若平常，这是小人喜怒无常。今两公争隙是担心彼此安危，现今两公形势安稳，仍彼此不和，还不如船工小人吗?”陈宝箴以如此贴切恰当的比喻，使曾国藩大悟大笑，随即手书付沈公，两公和好如初。

以上事例可见陈宝箴为官执事的惊人胆略和魅力。陈宝箴在曾国藩言传身教的影响下，潜移默化、奋发长进，把曾公一生“不求富贵”的箴言视作自己的座右铭。陈宝箴有座右铭训示，故一生“囊箧萧然”，成为难得的清官廉吏。至此陈宝箴在为官治政的品德和才华各方面都具备甚至超越了封疆大吏应具备的条件。

---

① （清）陈三立著，钱文忠标点：《散原精舍文集》，沈阳：辽宁教育出版社，1998 年，第 70 – 71 页。

六、慰荐褒升

陈宝箴治绩名声“大著，中外大臣争论荐”[①]。复任湖南巡抚王文韶疏荐“陈宝箴可大用”，直隶总督、湘籍官员曾国藩保荐陈宝箴入京面圣，授“以知府发湖南候补”[②]，出入军旅生涯十余年的陈宝箴终于步入仕途，更加显示了他非凡的政治才华和卓越的施政能力。1875年，“署辰、永、靖、沅道事。治凤凰厅（今凤凰县）时，教当地山民植茶栽竹、种薯为粮，使民得解困乏；又率民凿沱江，使舟通城下”[③]。因施政有方，政绩显著，两年后升浙江按察使。1886年，两广总督张之洞奏请调任广州缉捕局，次年奉调襄助治理郑州黄河堤事，所提治策，甚为中肯，深受河督李鸿藻重用。1890年，授湖北按察使，旋改署布政使。1893年调任直隶布政使，升任兵部侍郎、都察院右副督御史及督湖南粮台。时遇甲午中日战争爆发，日军犯境，京师告急，光绪帝召见陈宝箴询以战守方略，所奏深受赞许，乃命其督东征湘军，功勋卓著，督师刘坤一誉其为“历来军兴粮台所仅见”[④]。1895年，京中大学士荣禄爱其学识才能，谓其“操履清严，识量宏远”[⑤]，向光绪帝亲自引荐，保举陈宝箴为湖南巡抚。

---

① （清）赵炳麟：《陈中丞传》，（清）赵炳麟著，刘深、余瑾、孙改霞校注：《赵柏岩集》（中），南宁：广西人民出版社，2001年，第129页。

② （清）陈三立：《先府君行状》，（清）陈三立著，钱文忠标点：《散原精舍文集》，沈阳：辽宁教育出版社，1998年，第70页。

③ 陈运和：《凤凰涅槃》，《散文跟着诗歌走》，北京：中国文献出版社，2011年，第157页。

④ 叶绍荣：《陈寅恪家世》，广州：花城出版社，2000年，第149页。

⑤ 茅海建：《戊戌变法史事考二集》，北京：生活·读书·新知三联书店，2011年，第161页。

七、励精图治

陈宝箴“少负大略，所学益密，能洞晓情伪，应机立断，而渊衷雅度，务持大体”①。科场失意之后，便产生了忧国忧民的爱国思想和励精图治的远大抱负。第二次鸦片战争中，英法联军进犯北京，烧杀抢掠，无所不为，他向咸丰皇帝条陈防守六事上枢府，主张仿效明朝抗战将领于谦以御敌保国，当时朝廷正为通州仓米被掠而一筹莫展，“骤无所为计”，陈宝箴请设“传驼更运”，保障粮食能够“旦夕毕移辇下”，② 并出动京师所有车辆，昼夜兼程赶运军粮，缓解了通州军粮奇缺的燃眉之急，此举使得陈宝箴声名鹊起。当年某日，“三君子”饮酒于京城楼中，望见英法联军火烧圆明园，目睹祖国宝库遭到列强抢掠，陈宝箴痛心疾首，“捶案大号，尽惊其坐人”③，决意“欲辍文学讨时事，奋其愚陋”④，立志要抨击时政，揭露清政府腐败，激励国人发奋图强。当中国在甲午中日战争中惨败，陈宝箴“闻马关赔款之约，不禁拊膺痛恨”⑤，痛哭流涕

---

① 刘梦溪：《陈宝箴和湖南新政》，北京：故宫出版社，2012 年，第 21 页。

② （清）黄濬著，李吉奎整理：《花随人圣庵摭忆》（上），北京：中华书局，2008 年，第 334 页。

③ （清）陈三立：《先府君行状》，（清）陈三立著，钱文忠标点：《散原精舍文集》，沈阳：辽宁教育出版社，1998 年，第 69 页。

④ （清）范当世著，寒碧笺评：《范伯子诗文选集》，杭州：浙江古籍出版社，2006 年，第 351 页。

⑤ （清）陈宝箴：《湖南巡抚陈宝箴奏折》，国家档案局明清档案馆编：《戊戌变法档案史料 · 综合》（下），北京：中华书局，1958 年，第 28 页。

地说：国将“无以为国矣!”遂向朝廷“上疏言陈利害得失”,[①] 言辞慷慨激昂，凄楚动膺。赴日本马关签约归来的李鸿章到达天津，传闻他将复任天津总督，陈宝箴怒不可遏，“愤不往见”，认为他签约求和是“举中国之大，社稷之重，悬孤注，戏付一掷”，是“李公罪矣!”声言与其势不两立：“李公朝抵任，吾夕挂冠去矣。”[②] 表现了陈宝箴痛恨外侮、痛心国耻的爱国情怀。从此，陈宝箴便立下了变法维新、革弊兴利、振兴湖南的宏图誓愿和远大志向，决心“营一隅为天下倡，立富强根基，足备非常之变，亦使国家他日有所凭持”[③]。

① 钱文忠：《陈寅恪印象》，《瓦釜集》，青岛：青岛出版社，2014 年，第 146 页。

② 钱文忠：《神州袖手人陈三立》，《瓦釜集》，青岛：青岛出版社，2014 年，第 115 - 116 页。

③ （清）陈三立：《先府君行状》，（清）陈三立著，钱文忠标点：《散原精舍文集》，沈阳：辽宁教育出版社，1998 年，第 74 页。

除弊劝农

第三章

振兴湖南 “思以一隅致富强”

湖南地处内陆，自古为蛮荒之地，远离中原文化，湖南近代发展道路颇为独特。从鸦片战争到甲午中日战争之前，湖南一直是“以守旧闻天下”，特别是湖南士绅的排外思想特别严重，自外国势力顺长江进入湖南以后，各地绅民与洋人、洋教的冲突频频发生，或对洋人“大哗”，或聚众“狂呼”，甚至“投石以击之”，地方官员亦提倡“能言拒洋人者皆良民也”。①在这种社会民风士气之下，凡与洋人、洋务相关之事，都被攻击阻挠。以湖南人为主体的湘军集团，剿灭了太平天国运动，挽救了摇摇欲坠的清朝统治，使湖南排外风气更加突出。陈宝箴一针见血地指出：“自咸丰以来，削平寇乱，名臣儒将，多出于湘。其民气之勇，士节之盛，实甲于天下，而恃其忠肝义胆，敌王所忾，不愿师他人之长，与异族为伍，其义愤激烈之

① 许顺富：《湖南绅士与晚清政治变迁》，长沙：湖南人民出版社，2004年，第188页。

气，鄙夷不屑之心，亦以湘人为最。”[①] 在近代中国影响深远的洋务运动的先驱领袖人物魏源、曾国藩、左宗棠、郭嵩焘、曾纪泽都出自湖南，但洋务运动对湖南影响不大，其表面原因是湖南籍洋务大臣所办洋务企业不在湖南，而在外地；其实质原因是湖南绅民的排外守旧思想对洋务运动和西方先进事物的阻碍，如“湖南之阻矿务、阻电线。以天子之尊，不能举一事。官湖南者动色相戒，噤口不敢谈洋务”[②]，由此可见当时湖南人的保守封闭。

甲午中日战争中国惨败，湘人赖以骄傲的湘军在巡抚吴大澂的率领下，北上抗敌，在牛庄、营口几被全歼，湘军的惨败，令人触目惊心。湖南人不可一世的虚骄傲气开始消停，舍我其谁的自妄心态受到极大挫折。但是，甲午之败并没有使湖南人就此一蹶不振，锐气丧尽，反而激发了他们求变自强的斗志，激起了湖南人救亡图存的民族责任心和自豪感，抱定“救中国自湖南始”的决心和“吾湘变，则中国变；吾湘存，则中国存”的信念，毅然选择了变革之路。[③] 凭着这种自强不息的决心和信念，湖南的维新运动拉开了序幕，且“风气之开，几为各行省之冠”[④]。

陈宝箴在同治、光绪年间曾三度出任湖南省官，这使他有

---

① （清）陈宝箴：《湖南巡抚陈宝箴奏折》，国家档案局明清档案馆编：《戊戌变法档案史料·筹设文武学堂及游学章程》，北京：中华书局，1958 年，第 243 页。

② 蔡尚思、方行编：《谭嗣同全集》（增订本），许顺富：《湖南绅士与晚清政治变迁》，长沙：湖南人民出版社，2004 年，第 180 页。

③ 《湖南时务学堂缘起》，《知新报》，光绪二十三年九月初一（1897 年 9 月 26 日）。

④ 王儒年：《谭嗣同》，昆明：云南教育出版社，2008 年，第 131 页。

机会广结湖南各界士绅，对湖湘风土人情认识颇深；前期的为官经历展现了他“洞晓情伪，应机立断，而渊衷雅度，务持大体，不为操切苛细，少负大略”的才能魅力，也历练了他“所学益密，持躬制行，敦笃宏大，本末灿然”的施政风格，从而具有作风稳健、行事雷厉风行的改革者应有的品质。[①] 陈宝箴“一生行事之大者在湖南，尤习于湖南，乐用其人，人亦乐之”[②]。“习知其利病，而功绩声闻昭赫耳目间，为士民所信爱。”[③] 他曾对左右说过，战国廉颇喜欢重用赵国人才，他素爱擢用湘省士人，认为当今“国势不振极矣，非扫敝政，兴起人才，与天下更始，无以图存”[④]。他毕生系心于怀的大事便是振兴湖南，“思以一隅致富强，为天下倡”[⑤]，寻找一条救国救民的通衢。为此，他积极大胆地接受了维新派的政治主张，在湖南首倡变法维新运动。

1895 年，陈宝箴诏授为湖南巡抚，他终于凭自己的才干，赢得了独当一面施展抱负的机会。其子陈三立为了帮助父亲实现振兴湖南的夙愿，主动放弃了吏部主事一职，随父到湖南抚衙任事，辅佐湘政，并邀黄遵宪任按察使，江标、徐仁铸相继

---

① （清）陈三立著，钱文忠标点：《散原精舍文集》，沈阳：辽宁教育出版社，1998 年，第 71－72 页。

② 马卫中、董俊珏：《陈三立年谱》，苏州：苏州大学出版社，2010 年，第 220 页。

③ 汪叔子、张求会编：《陈宝箴集》（下），北京：中华书局，2005 年，第 2000 页。

④ 熊治祁编：《湖南人物年谱》（第五册），长沙：湖南人民出版社，2013 年，第 625 页。

⑤ （清）范当世著，寒碧笺评：《范伯子诗文选集》，杭州：浙江古籍出版社，2006 年，第 350 页。

任学政，“皆以变法开新为己任”[①]。陈氏父子等人联手效法日本明治维新，创办时务学堂、武备学堂、算学馆、《湘报》、南学会等维新团体，使湖南成为全国维新运动的中心。当时社会舆论评论说：“丁酉戊戌间，湘省政绩灿然，冠于各省。”[②]陈宝箴到任伊始，即行筹划“清吏治、除弊政、开利源、育人才”[③]，湖南民众、士人闻信“皆喜”，陈宝箴更是“窃喜自慰”。他洞悉湖南民心，了解湖南资源：湖南地处“东南上游”，号称“天下胜兵之处”，其士民勤奋果敢，士气高昂；土地肥沃，煤铁矿藏丰富，矢志要“营一隅为天下倡，立富强根基，足备非常之变，亦使国家他日有所凭持”。[④]可是，当时正值陈宝箴“困弊”之后，湖南景况不佳：纲纪松弛，吏治腐败，贪盗之风嚣张，公私贮藏耗尽，万事坏废待理，百废极待俱兴。陈宝箴清醒地认识到：各级官员的腐败风气若不及时加以纠正，改革维新将一事无成。变法维新从何入手？陈宝箴果断抓住两个关键点，即“其要者在懂吏治，辟利源；其大者在变士习，开民智，饬军政，公官权”[⑤]。他以此为纲领，率先在湖南施行各项新政。

---

① 汤志钧：《戊戌变法人物传稿·陈宝箴》（卷五），北京：中华书局，1961年，第171页。

② 马卫中、董俊珏：《陈三立年谱》，苏州：苏州大学出版社，2010年，第237页。

③ 马卫中、董俊珏：《陈三立年谱》，苏州：苏州大学出版社，2010年，第181页。

④ （清）陈三立：《先府君行状》，（清）陈三立著，钱文忠标点：《散原精舍文集》，沈阳：辽宁教育出版社，1998年，第405－406页。

⑤ 岳南：《陈寅恪与傅斯年》，长沙：岳麓书社，2014年，第16页。

第四章

整肃吏治　赈灾垦荒劝农桑

一、以整顿吏治为主，推行新政

陈宝箴认为，“当此百度维新，力图自强之际”[①]，施行新政必得“沉毅有谋、更历事变者”[②] 方能胜任。他目睹官场吏治腐败，深恶痛绝，感到整肃吏治已迫在眉睫，于是他雷厉风行，迅即行动。“十月到任，首以整饬吏治为安民要务”[③]，他施行新政的首举之事就是“举廉吏数人，劾墨吏数十”[④]，将那些在困难之时“泄沓依然”的无为之辈、不学无术的昏墨

---

① 汪叔子、张求会编：《陈宝箴集》（上），北京：中华书局，2003 年，第 780 页。

② 汪叔子、张求会编：《陈宝箴集》（下），北京：中华书局，2005 年，第 1784 页。

③ 汪叔子、张求会编：《陈宝箴集》（上），北京：中华书局，2003 年，第 599 页。

④ 汪叔子、张求会编：《陈宝箴集》（下），北京：中华书局，2005 年，第 1988 页。

之流、“贪污庸劣”的不职之类“随时分别严参”，“悉心考核”。[①] 查出违法乱纪的不职官吏有“桂东县教谕宋泽垣，不知检束，任性旷官；道州训导吴新佑，纵容书斗，徇庇劣生；宁远县训导陈铭鼎，性情谬戾，不知自爱；益阳县典史王庆恩，粗暴任性，举动乖张；平江县长寿巡检陈际昌，心地糊涂，迹近贪鄙；安福县典史杨汉章，性情乖恣，行为谬妄；兴宁县滁口巡检杨振荣，任性妄为，声名甚劣；桂阳县文明巡检李受谦，浮躁喜事，不守官常”。以上溺职官员，奏请“一并革职，以肃官方”。[②] 陈宝箴继而还罢黜了“昵庇匪人，名声甚劣”[③] 的常德知府文杰和“举动荒谬”的湘潭县丞代理；惩办了同知御官吏吴爱亭。陈宝箴对自己的幕僚也铁面无私，违法必究，他严惩了“遇事把持，擅作福威”，收受贿赂、代通关节、猎取要缺的长沙府幕僚任骣。[④] 直隶布政使王廉为之说情，也遭到陈宝箴的谴责。对“显僚豪最幕有气势”的权贵，也敢于硬碰硬，将专横贪暴、无人敢理的桃源令治罪“遣戍”。[⑤] 此外，各州县及各教佐如有“溺职之员，……确加访察，随时分别纠参”[⑥]。

---

① 汪叔子、张求会编：《陈宝箴集》（上），北京：中华书局，2003 年，第 599 页。

② 汪叔子、张求会编：《陈宝箴集》（上），北京：中华书局，2003 年，第 599 页。

③ （清）朱寿朋：《光绪朝东华录》，北京：中华书局，1958 年，第 3869 页。

④ 李济琛主编：《戊戌风云录》，北京：金城出版社，2014 年，第 414 页。

⑤ （清）陈三立：《先府君行状》，（清）陈三立著，钱文忠标点：《散原精舍文集》，沈阳：辽宁教育出版社，1998 年，第 74 – 75 页。

⑥ 汪叔子、张求会编：《陈宝箴集》（上），北京：中华书局，2003 年，第 599 页。

陈宝箴在查处长沙府幕僚任麟时遇到了前所未有的阻力，任麟在湘省官场任职多年，关系盘根错节，早在陈宝箴到任之前，就有不少绅民揭发任麟贪腐营私事项，也有清正廉明的官员秉笔直奏其诸多劣迹，但最终都不了了之。陈宝箴面对任麟疑案很感棘手，这既是一个烫手的山芋，又是一块难啃的骨头。而朝廷诏令陈宝箴确切查明，如实上报。陈宝箴没有退路，义无反顾，遵旨而行。他深入街衢巷里、府州县乡，亲自察访，调查核实任麟每项贪赃枉法的罪状，如实向朝廷禀报。"任麟原籍江苏宜兴县，在湘游幕多年，广通声气，植利营私，……以致奔竞之徒趋之若鹜；即谨厚之吏，惧其吹求，亦不敢不曲意周旋。似此气焰薰灼，实为湖南官场之蠹。"特上书朝廷，奏请："即行勒令回籍，不准逗遛"，获得朝廷批准："臬幕任麟，在湘盘踞多年，广通声气，又附名各省保案，蒙捐指省，着即行勒令回籍，不准逗遛，并着陈宝箴查明该员保案，咨部撤销。"①

陈宝箴在查办任麟疑案过程中，既非矢枉过正，也无些许遗漏，始终坚持实事求是，对任麟所参任与已革同知合伙开钱铺、典当多处，聚家赀至数万金等疑罪，也给予详细核实、澄清。各钱铺、典当系他人经手，存银也不过五万六千余两，并无检举者所说的"二十余万金"，以任麟名义而附入台湾清赋保案和"以二百金拜门"事件，均"细查无实据"。陈宝箴彻底查清任麟贪赃枉法事实后，向朝廷奏明："任麟在湘多年，以一人而兼府幕、臬幕，握通省刑名要枢，又复广收门徒，荐往州县，既自使人畏威，又欲使人怀惠，气焰薰灼，不问可

① 汪叔子、张求会编：《陈宝箴集》（上），北京：中华书局，2003 年，第 57、59 页。

知。乃犹以数万金合股，并分存省城内外典当植利，不止毫无检束，实为幕友中所罕见。但既经勒令回籍，不敢逗遛，似可邀免置议。所荐门徒，贤否自不一律，如有浮薄不谨之人，自当随时查核，分别留汰。其查出合伙本赀及分存取息各项，共合银五万数千两，除汪姓曾经取息之通裕存钱三千串，去留听其自便外，余仍照旧分存，恭候谕旨遵行。至邬同寿现既辞出府署，又未在湘省作幕，候补通判现署凤凰厅同知刘钺，既经查无劣迹，又属尚堪造就之员，拟合仰乞恩施，一并免其置议。”①

陈宝箴这一处置方案可谓怀柔之策，既刚毅又温和，合情合理合法，既非矫枉过正，业务疏失遗漏，又为任骥澄清了疑罪案例，还避免了连坐他人的嫌疑，朝廷很快批准了陈宝箴的这一奏章。陈宝箴奉命彻查任骥疑案，至此应该收网结案了。可是，任骥不甘心就范，利用昔日上下人脉关系以求保护过关，逃避惩处。1896 年 5 月 7 日，即光绪二十二年三月二十五日，陈宝箴向朝廷呈报《查明幕友任骥等参款折》，一个月以后，收到了直隶布政使王廉四月二十六日发来的印电：“请飞递湖南抚台：‘臬府任骥无甚劣迹，所病者骄蹇耳，逐之足矣。若籍其家，未免太甚，千万不可。’”这一印电却是湖北巡抚谭继洵转寄而来的。四月二十八日，陈宝箴随即向朝廷奏报这一蹊跷离奇的事态，指出：王廉曾任臬幕数年，又护理巡抚数月，对湘省吏治腐败情形并非一无所知，却偏袒任骥“无甚劣迹”，其案所涉赀财，“入官与否，尚不可知”，极力阻止对任骥的惩处，称“若籍其家，未免太甚，千万不可”。陈宝

① 汪叔子、张求会编：《陈宝箴集》（上），北京：中华书局，2003 年，第 152 – 154 页。

箴在向朝廷的奏报中特别郑重强调湘省"吏治之坏"的严重程度，进一步陈述："伏查湘省近年，官幕朋比，声气把持，几无复是非邪正之辨，苟非置得失毁誉于不顾，将不能去一贪黩之夫，进一气节之士，吏治之坏，盖有由来。臣到任数月，稍事激扬，即私相指目，以为怪异，诟议横生，动以声势报复相恫喝，不谓谣喙纷纭而外，竟至以忿竞不平之鸣，直斥其非，遥相禁制如王廉者。假如任骥赀财奉旨竟饬入官，臣自当钦遵奉行，不能曲如其意，党同之患，更复何如?"陈宝箴最后呈明：他和王廉仅在湖北见过一面，素无交往，其印电与友朋规诤义涵毫不相干。虑及湘省官风习气的三尺之冰，已非一日之寒，可谓积重难返，面对王廉胆敢因私违公，悍然颠倒是非之举，陈宝箴果敢"据实上陈"。①

王廉毕竟久经官场，手段老到深沉，他一面请托湖北巡抚谭继洵代转致陈宝箴印电，一面请托直隶总督王文韶具折代奏，称："湖南巡抚陈宝箴查办臬幕任骥一案，嫉恶已甚，未免失中，廉与陈宝箴昔年同官两楚，故发电规劝之，初不知陈宝箴业已复奏也，乃陈宝箴竟以印电请托入奏，殊非意料所及。廉生平不事请托，而遽以此加之，部议之轻重不必计，一时之心迹不可不白，抄录原电，请据实代奏。"王文韶自知最了解陈宝箴，曾经慧眼识珠亲自向朝廷保荐其"可大用"，对陈宝箴有"伯乐"之恩，没想到这次却扮演了很不光明磊落的角色，既请托转递，又"据实代奏"，还要塞进自己的主意："臣复加查核，事关藩司大员自明心迹，不敢壅于上闻，谨将原电照录，恭呈御览，伏乞皇上圣鉴。"还将王廉致陈宝

① 汪叔子、张求会编：《陈宝箴集》(上)，北京：中华书局，2003 年，第 180－181 页。

箴的印电一并奏上。①

直隶总督王文韶可谓权倾朝野，湖北巡抚谭继洵也是资深望重，两位权臣所施加的影响和压力，把陈宝箴推到了风口浪尖上。身为直隶总督，王廉老谋深算，诡秘阴狠，敢冒包庇贪鄙之嫌，为与己无关的贪腐幕僚任驎罪案辩护，南拉湖北巡抚谭继洵代寄印电，北请直隶总督王文韶代奏电文，足见陈宝箴面临的压力与风险有多大！他整饬湖南吏治的壮举遭遇了前所未有的艰难。

甲午中日战争清朝惨败，割地赔款，山河破碎，朝臣昏庸，腐败无为，皇权岌岌可危。正如屈原所叹“举世皆浊我独清，众人皆醉我独醒”，此时的光绪帝却如此清醒，他深刻地认识到：只有变法维新才有出路。他坚决主张变法维新，坚定支持维新派官员。在审批控辩双方奏折时，坚信陈宝箴反腐倡廉的决心和举措，果断批示“不干己之事，辄用印电请托，殊属不合”，将王廉从严惩处“即行革职”，将王文韶“降三级留任”，遭降任的王文韶曾作自我反省时叹道：“事后追思，固由一时识力未到，亦因为避怨起见，恐不为代奏，而部议降革，将以为不肯援手也，致成此祸，在我得此薄责，正可借以自警，而介挺（笔者按：王廉，字介挺）已矣。甚矣，处事之不可不慎也！”王文韶追思请托说项之过失，“及今思之”，仍觉得“亦险矣哉！”值得庆幸的是，陈宝箴深得光绪帝的支持，而并未因此受责。当然这位刚刚走马上任的湖南巡抚力排请托说项，不顾情面果敢直奏的胆识和不畏凶险的精神实属难

---

① 汪叔子、张求会编：《陈宝箴集》（上），北京：中华书局，2003 年，第 181 – 182 页。

能可贵。[1]

王文韶这位直隶总督毕竟位高而卑谦，因王廉请托一事受到朝廷重惩，非但不埋怨陈宝箴，反而很欣赏他的为官治政和刚直不阿的人品，称赞他为杰出之士，云其“雷霆走精锐，冰雪净聪明”，具有正大光明、磊落心怀的品德。湘省抚臣陈宝箴不徇私情和国之重臣王文韶自省襟怀，仍值得后人敬重。[2]

细读光绪二十二年（1896）三月二十五日陈宝箴《特参贪劣各员折》，可知湘抚抚湘之要务，即整饬吏治贪劣不职官吏的决心和力度，深得人心，令人钦赞。其奏折云：

窃查湖南自近年以来，民生困敝，盗贼滋多，闾阎愁怨之气，上干天和，下酿患害。臣到任以来，栗栗祇惧，默维补救之方莫要于整饬吏治，吏治不饬，刑政不修，则良懦无所凭依，奸宄无所忌惮，不逞之徒转得籍为口实。湖南俗习刚强，伏莽潜煽，可忧弥大。臣忝膺疆寄，有整饬吏治之责，当此沈痼之时，苟非痛予针砭，严加惩儆，终无以挽积习而肃官常。谨择其劣迹尤著及不堪民牧者，分别纠参，以昭炯戒。

兹查衡阳县知县前调署清泉县景天相，酿道殃民，怨声盈路；撤任黔阳县知县候补知府徐泽淮，办事颟顸，玩视民瘼；撤任署麻阳县知县试用通判洪成章，声名平常，居心近利；撤任署安化县知县优贡知县沈祖宪，性情乖谬，不洽舆情；沅州

---

① 汪叔子、张求会编：《陈宝箴集》（上），北京：中华书局，2003 年，第 182 – 183 页。

② 袁英光、胡逢祥整理：《王文韶日记》（下册），北京：中华书局，1989 年，第 852 – 853 页。

府知府松增，人尚安详，才欠开展；分缺间用知县祝廷琛，迹近招摇，不知检束；大挑知县陈徕松，不谙事体，难膺民社；湘潭县典史汪廷灿，贪鄙嗜利，任性妄为；代理龙阳县龙潭巡检候补巡检佘国屏，贪黩扰民，行同无赖。以上各员，均难稍事姑容，相应请旨将衡阳县知县景天相、代理龙阳县龙潭巡检候补巡检佘国屏一并革职，永不叙用；黔阳县知县候补知府徐泽淮、署安化县知县优贡知县沈祖宪、署麻阳县知县试用通判洪成章、湘潭县典史汪廷灿，均请一并革职；其沅州府知府松增，人地不宜，经前抚臣吴大澂撤任在省，议请开缺另补；大挑知县陈徕松，文理尚优，拟请改以教职选用；分缺间用知县祝廷琛，拟请以县丞降补。据藩、臬两司会详前来，谨会同湖广督臣张之洞恭折具陈，伏乞圣鉴训示。①

此奏章附有陈宝箴奏请惩处常德知府文杰的附片，即《文杰因案被控请革职审办片》：

再，臣访闻湖南常德府知府文杰，信任劣绅吴爱亭招摇讹诈，声名甚劣，正饬查间，据武陵县职员戴翼诚及生员唐兆兰各以文杰“藉端科罚”“因案索贿”等情来省具控，经臣批司查讯，所控各节均非无因，旋据岳常澧道揭报，由布政使何枢，按察使俞廉三会详前来。除委员前往摘印署理外，相应请旨将常德府知府文杰先行革职，由臣督同藩、臬两司提齐人证彻底审明，照例拟办，以儆官邪而肃吏治。是否有当，谨会同

① 汪叔子、张求会编：《陈宝箴集》（上），北京：中华书局，2003年，第159－160页。

湖广总督臣张之洞附片具陈，伏乞圣鉴训示。谨奏。[1]

陈宝箴所奏各折，都得到光绪帝恩准，这对新任湘抚主政湖南是极大的支持，陈宝箴深恶痛绝并铁腕整治那些贪劣不职官吏，企望根治湖南吏治积弊，他曾以“蝇”为题写五言古诗一篇，把贪劣官吏斥为蝇、蠹，揭蝇之害、蝇之狡、蝇之贪和蝇之赖四毒俱全及其扑灭之方法，决心扑灭湖南如蝇如蠹的贪劣官吏，为推行新政扫清障碍。经过陈宝箴的铁腕整饬，湖南吏治得到明显改观。

随着维新改革的深入，提高湖南各级官员的整体素质迫在眉睫。陈宝箴主张“开官智”，他放手使用洞悉国外行政学术的黄遵宪，对原有课吏馆进行改造重建，以供候补各员读书、明律、考核之用。陈宝箴训示：“既有课吏之名，即应循名责实，必使候补正佐各员，皆知有向学之方，期得学问之益。日有所考，昼有所稽，学业有成，而后出而从政，不至茫无所知，徒假手于人，一听书吏提掇。”并责成署臬司主管黄遵宪总理其事，协同藩司职道提出实施方案，制定了六条切实可行的实施办法，即学校、农工、工程、刑名、缉捕、交涉，归纳起来，就是开展教育、发展农业、工程建设、法律、治安和对外关系六方面工作，依此方案制定了正式的《改定湖南课吏馆章程》。[2] 梁启超对课吏馆抱有很高的期望，提出“开民智”和“开绅智”的前提是要“开官智”。而“开官智”又为万

---

① 汪叔子、张求会编：《陈宝箴集》（上），北京：中华书局，2003 年，第 161 页。

② 汪叔子、张求会编：《陈宝箴集》（中），北京：中华书局，2005 年，第 1182、1184 页。

事之起点。在整饬吏治方面，陈宝箴、黄遵宪和梁启超的观点不谋而合。陈宝箴对清末湖南官场的吏治腐败心里有数，所以他到任伊始，着力整肃吏治，几年如一日“劳心吏政，奖良纠污，威惠彰闻”[①]，使湖南吏治有明显好转，“群吏懔然，遂改观”[②]，给湖南新政创造了一个良好的开端。

二、赈灾筹款，救济灾民

甲午中日战争后，陈宝箴奋起于国耻之际，受命于危难之时。主政湖南，面临吏治沉疴积弊，水旱灾荒连年。“湘中民情浮动，赈抚最关紧要”，他一面整饬吏治，一面注重赈灾。1895 年，湖南遭遇数十年未有之旱灾，“赤地千里”，“哀鸿遍野，待哺嗷嗷”，受灾地区有浏阳、茶陵、醴陵、湘乡、湘潭、攸县、衡山、安仁、衡阳、清泉、邵阳、新化等州县，尤以浏阳、醴陵、衡山最为严重，“人民流离失所”，民情十分窘困。加之洞庭湖区域“湖河泛涨，低洼田亩、芦州悉被淹没，滨湖堤垸间有冲溃”，房屋桥梁也被冲毁。[③] 中稻、晚稻两季收成“五分者四县，四分有余者一县，三分有余者二州县，二分者一县”[④]，“有收之处，仅可自给，乡民遂私行阻

---

① （清）陈三立：《湖南巡抚先府君行状》，汪叔子、张求会编：《陈宝箴集》（下），北京：中华书局，2005 年，第1913 页。

② （清）黄濬著，李吉奎整理：《花随人圣庵摭忆》（上），北京：中华书局，2008 年，第 334 页。

③ 汪叔子、张求会编：《陈宝箴集》（上），北京：中华书局，2003 年，第28 – 29 页。

④ 汪叔子、张求会编：《陈宝箴集》（上），北京：中华书局，2003 年，第30 页。

禁，邻乡、邻县亦不肯稍事通融。歉收之处，无米为炊”，各地普遍出现银贱粮贵的局面，“贫民糊口无资，几酿变故”。①

湖南本是鱼米之乡，“谷米素称饶裕”，因气候潮湿，粮食不易贮存，加上当时“南、北洋征募湘军遣散过半”，湖南“骤增此不耕而食之民”，各地“贫苦小民群忧流莩，即小康之户亦将衣物典鬻渐磬，糊口无术，至来春牛具籽种之资，更不知所以为计”，② 有的地方“至有饿毙及自尽者”③，“穷檐惨苦愁叹之声，殆不忍闻。此湘省目前民情困苦之实在情形”④，1896 年至 1898 年，湖南又发水旱灾害，衡阳、清泉、零陵、东安、祁阳等十余州县田庐多被沙压水冲，春收豆麦，损失过半。数县干旱，屡月不雨，收成仅得一二成。

陈宝箴到任月余，即“考察湘中吏事、军事及民间生计、风俗”，遇“数十年来所未有”之旱荒，视“目前惟赈抚最为急务”。⑤ 面对湖南重灾，他“寸衷焦灼，寝馈难安，会商同僚、亟将最重灾区，力筹赈抚”⑥，组织官员深入灾区，“核实复勘”灾情，防止“捏冒讳饰情弊”，依轻重情形分别减缓灾

---

① 汪叔子、张求会编：《陈宝箴集》（中），北京：中华书局，2005 年，第 1057 页。

② 汪叔子、张求会编：《陈宝箴集》（上），北京：中华书局，2003 年，第 33、40、65 页。

③ 汪叔子、张求会编：《陈宝箴集》（中），北京：中华书局，2005 年，第 1168 页。

④ 汪叔子、张求会编：《陈宝箴集》（上），北京：中华书局，2003 年，第 66 页。

⑤ 汪叔子、张求会编：《陈宝箴集》（下），北京：中华书局，2005 年，第 1651 页。

⑥ 汪叔子、张求会编：《陈宝箴集》（中），北京：中华书局，2005 年，第 1168 页。

年钱漕、芦课及应行带征历年灾缓银米，上书奏请截留漕折银三万两，采购谷米，预备平粜之用，缓解湖南库贮空虚和赈灾资金周转不足；减缓旱灾严重的十二州县钱漕和水灾严重的州县钱漕、芦课。1895 年“共蠲缓司库钱粮正耗银八万六千三百八十三两零八分七厘，缓征芦课正耗银四百一十八两七钱五分一厘，又缓征粮道库漕粮正耗银一万七千一百五十七两六分二厘五毫、漕米一万九千九百七石二升九合一勺”。[①]

由于湖南连年重灾，灾民被迫“纷纷来省就食，扶老携幼，每起五六十人至八九十人不等，每日约有四五起，分住城外庙宇，颇形拥挤”[②]。随着省城聚集的灾民越来越多，陈宝箴知道湖南“民俗向本强悍，良莠不齐”，在这种“民食维艰”的时候，难免会有匪徒混入灾民中间“出境滋扰情事”。[③]他果断采取措施，给在省城的各地灾民以路费，助其回籍，避免灾民在一起激生变故，并“酌择廉干耐苦之员素为绅民信服者，调任灾区，俾资得力，务使远近就食灾黎各归乡里”[④]，在受灾严重的浏阳，请欧阳中鹄主持赈灾。在谭嗣同的协助下，招民到南方采煤以工代赈。对于“希图借众挟制，扰害地方”的匪徒“拨勇驰往弹压”，“以期安善良而销隐患”。[⑤]

---

① 汪叔子、张求会编：《陈宝箴集》（上），北京：中华书局，2003 年，第 72 页。

② 汪叔子、张求会编：《陈宝箴集》（上），北京：中华书局，2003 年，第 73 页。

③ 汪叔子、张求会编：《陈宝箴集》（上），北京：中华书局，2003 年，第 74 页。

④ 汪叔子、张求会编：《陈宝箴集》（上），马卫中、董俊珏：《陈三立年谱》，苏州：苏州大学出版社，2010 年，第 180 页。

⑤ 汪叔子、张求会编：《陈宝箴集》（上），北京：中华书局，2003 年，第 95 页。

面对重灾，湖南“库储支绌已极，筹款万分艰难”[①]，陈宝箴想方设法广筹钱粮，赈济灾民，广大士绅“值嗷鸿遍野、待哺正急之时，慨捐巨款，保卫梓桑”，捐助赈款多者上有万两。[②] 陈宝箴还“驰电告援邻近各省量拨巨款，以济急需”，各省官绅“知湘赈紧要，推广劝办”，“湘人之服官各省者量力报捐”。[③] 前后共收到广东、浙江、四川、直隶、湖北等省协济之款十余万两，收到各京官助赈之款近四万两，使得湖南灾情顿时有了转机。为保证湖南灾区粮食供应，陈宝箴奏请朝廷免除灾区厘金，称湖南“饥民待哺孔殷，亟赖商运周转”，拟请将本省境内装运谷米杂粮往来售卖，“无论水、陆卡局，一律免收厘金”。[④] 后又将免征厘金范围扩大到从外省运粮到湖南，严禁湖南粮食流出省外。1895 年 12 月 10 日，陈宝箴向朝廷奏报湖南灾情，获准湖南依照直隶省现办赈捐章程，设立湖南筹赈总局，管理劝谕捐输、收发银两、采买谷米、稽查赈务事宜。鉴于灾情严重，且财政拮据，仅凭本省财力，难解燃眉之急。陈宝箴奉旨将湖南灾情致函电京官及各省督府、司道文武专员，请求资助，倡导捐输。陈宝箴将所筹款项派专员会同地方官员亲赴灾区核实发放。一年之中，散发“捐输”及各省“挪垫”共计捐银二十五万四千二百二十二两七钱二

---

① 汪叔子、张求会编：《陈宝箴集》（上），北京：中华书局，2003 年，第 96 页。

② 汪叔子、张求会编：《陈宝箴集》（上），北京：中华书局，2003 年，第 97 页。

③ 汪叔子、张求会编：《陈宝箴集》（上），北京：中华书局，2003 年，第 113、212 页。

④ 汪叔子、张求会编：《陈宝箴集》（上），北京：中华书局，2003 年，第 262 页。

分五厘，制钱七万二千九百二十七串五百八十七文，大银圆二十一万三千二百六十五圆八角，赈谷一十三万四千二百七十四石六斗四升，赈米九千三百六十四石九斗一升六合。陈宝箴亲自“饬委廉干员绅”，遴选“公正绅士”赴各乡核查户口，按灾情轻重分别赈济，不准胥吏从中染指。他采用“或折发银钱，或径发谷米”的办法，因地制宜，“穷黎咸便”，将大批“流离转徙饥民，随时资遣回籍”。[①]

1896年，湖南醴州、永顺受灾，陈宝箴“分别奏明散赈”，一呼百应，“各京员捐资倡率，各省官绅极力筹凑”，“挪款垫解，先其所急”。直隶督臣王文韶、两江督臣刘坤一、两广督臣谭钟麟“筹济之殷，款巨时速”；本省在职官绅“或敦劝输捐，勤恳臻至”，“或查灾散赈，心力俱疲”。[②] 陈宝箴还致大理寺少卿盛宣怀，力陈湘省赈务急切之状，称“醴陵极贫饥民，腊、正查户散赈，共三十万口，官绅因款乏极力删减，尚难就绪”，“声明就本省及湘省服官他省者劝办”，“全在好善乐施及邻省协拨，乃有济耳”。[③] 盛宣怀“倡率”前上海道黄祖络、义绅谢家福等“广为筹捐，垫凑巨款”，“义绅严作霖等驰驱远道，亲历灾区，散义赈于极贫，辅官赈之不足”，“捐助散赈银十二万两”。[④] 一批京城官员也积极协赈湖

---

① 汪叔子、张求会编：《陈宝箴集》（上），北京：中华书局，2003年，第681－682页。

② 汪叔子、张求会编：《陈宝箴集》（上），北京：中华书局，2003年，第682页。

③ 汪叔子、张求会编：《陈宝箴集》（下），北京：中华书局，2005年，第1482页。

④ 汪叔子、张求会编：《陈宝箴集》（上），北京：中华书局，2003年，第682页。

南，据《谢京城义赈处诸公书》《京官助赈清单》所载：翰林院修撰黄思永、彭清藜，刑部侍郎陆学源，户部主事叶杨俊，刑部主事钱开祐、夏敦复等均出资协赈过湖南。

陈宝箴开办赈捐震动全国，官绅知湘赈紧要，扩广劝赈，非乡官绅乐捐者甚众，纷纷汇捐款银两分发灾区赈济。“大理寺寺丞孙锡三尊母命捐助赈银一千两；已故前长江水师提督黄冀升之子黄宗炎尊母余氏之命，捐银一千两助赈；原江西布政使陈湜，时在榆关营次，捐银一万四百两，后遵其祖父一品封典候选教谕陈开煦、祖母一品命妇杜氏遗命，又捐银寄湘赈济。对于各项慈母之命下的捐赈之举，陈宝箴查实详情后，感念其悯念桑梓灾黎、慷慨乐施巨款之义举，奏请为孙母、黄母建坊旌表，给予‘乐善好施’字样；请赏陈湜头品顶戴，并准将一品封典已故陈开煦夫妇给予‘乐善好施’字样，令其自行建坊，以光泉壤而昭激劝。”①

由于甲午中日战争后，国运不倡，吏治不正，士气民风不顺，当时湖南乡民中“多有散勇归农，习成游惰，丰年尚虞乏食，歉岁更难谋生”，加上重灾连年，其艰难困苦情形比较他省“尤为可虑”。陈宝箴正恐独立难持，幸得全国各省官商士绅“众擎并举……迅速赈抚”，并能“立拯穷黎，更以潜消隐患，曲突徙薪”。先后赈灾所用钱粮，陈宝箴“靡不实事求是”，钱粮不差分文毫厘。“此次办理筹赈，实属涓滴归公”，“绝无丝毫浮冒”。② 全省民众无不折服钦佩，纷纷称赞：“非

① 李赫亚：《陈宝箴社会赈济思想探析》，《北京理工大学学报》（社会科学版）2011 年第 13 卷第 5 期，第 130 页。

② 汪叔子、张求会编：《陈宝箴集》（上），北京：中华书局，2003 年，第 682 页。

府君为巡抚，湖南几大乱。"[①] 从此，士民颇能安居乐业，湖南吏治、士气、民风也为之一新。陈宝箴不忘众邻鼎力资助，奏请朝廷将此次赈济湘民"在事出力员绅"，"择尤保奖，借资鼓励"，均受到光绪帝赞赏。[②]

湖南赈灾，全国各省虽协力同心，共渡难关，但陈宝箴仍寝食难安，深感"创巨痛深之后，苟于备旱、备荒两端，尚不亟图补救，他时若有缓急，更将何以为谋"。他决心"为吾民计及长远"。[③] 为此，他开始着手湖南灾后重建的工作。

三、垦荒造林，保富安贫

陈宝箴在躬行赈灾的同时，号召全省民众垦荒造林、生产自救，利用湖南的地理优势和自然条件，广辟利源，"劝谕绅民兴办塘堰"，"兴办水利、树艺等事"。陈宝箴分析水旱灾害原因，主要是"各处农田不似前治塘堰，无以备旱"，"各属城乡不认真讲求积谷，无可救荒"。遇"兼旬不雨，便觉干枯"，即使"屡岁丰稔之余，一谷歉收，便忧空乏"。为求"将来之计"，陈宝箴饬令各地认真兴修水利，"秋收之后，有田之家与佃耕之户，务须视同一体，将某处应创、应修塘堰，互相设法兴办"，根据各地既有向章、定规，"其田主、佃户、出赀、出力"，"力偶不及，则彼此暂为通融，下年再为归

---

① 汪叔子、张求会编：《陈宝箴集》（下），北京：中华书局，2005年，第2001页。

② 汪叔子、张求会编：《陈宝箴集》（上），北京：中华书局，2003年，第683页。

③ 汪叔子、张求会编：《陈宝箴集》（中），北京：中华书局，2005年，第1203页。

结”。此举“目前虽费财力，而从此常获丰收，所入何有止境”。那些“好义之家，捐助较多，合银一千两以上，即当照例奏请建坊，次亦可由官给予匾额”。陈宝箴强调“水利、种植皆小民衣食之源，诚有实效可收，自必竭力从事”。因此，他在积极倡办水利的同时，十分重视发展农业生产。在赈灾之时就注意筹措灾民购买耕牛、种子之资，确保灾区不误春耕。①

陈宝箴在督办各地垦荒种粮、植树造林时指出：“本省各属未垦荒山甚多，既无树木，亦无杂粮，听其荒芜”，“弃之可惜”。形成这一现象的主要原因是地方习俗不正，风气不好，偶尔有人垦荒种植，“即被人砍伐偷窃”，或者是“纵放牲畜践踏伤害”，使得民众无可奈何，只得任其荒废。而现在风气渐变，人口渐增，“生齿日繁，贫民无业者不可胜数”，省内空旷之地完全可以加以利用，而大片荒山任其废弃，各级绅员负有不可推卸的责任。陈宝箴亲自拟定《劝民垦种荒山札》和《劝民垦种荒山告示》，现将其具体内容照录：

劝民垦种荒山札

湖南巡抚部院陈为札饬事：

案照本年迭准部咨：“钦奉谕旨，议奏言官条陈民事各折，饬各省兴办水利、树艺等事，并请饬吏部列入州县考成各等因。奉旨：‘依议’钦此。”钦遵行司转饬遵办在案。

查水利一节，先经本部院札饬各属，劝谕绅民举办塘堰，

---

① 汪叔子、张求会编：《陈宝箴集》（中），北京：中华书局，2005年，第1113、1202、1203、1274页。

并发给告示晓谕，多未据各州县将如何办理情形切实禀报，是本部院与各州县纵云有爱民之心，而一事无成，于此可见。

兹查本省各属未垦荒山甚多，既无树木，亦无杂粮，推求其故，实因地方习俗浇漓，偶经种植，即被人砍伐偷窃及纵放牲畜践踏伤害，莫可如何，是以听其荒芜。现在生齿日繁，贫民无业者不可胜数，乃境内此等堪以树艺山土，任令荒废，职司民牧，咎将奚辞？合行札饬。

为此札仰该□，迅将本部院刊发告示□张即行张贴，并抄发多张晓谕各乡村，务令周知。一面轻骑减从，亲赴各乡，传集团保、族长人等，剀切面谕，饬即转相劝导，议定团规，严禁他人砍伐偷窃及纵放牲畜践踏伤损。如敢故意抗违，许团保据实禀报，立即分别惩治，以儆效尤。并劝谕有山之家，与其日久荒废，不如许给附近贫民，立约承佃，只期免被占据，不必计较山租。保富安贫，一举两得。

地方官但能办一片诚心，不恤烦劳，躬亲劝谕，为之严立禁防，使其有利无害，小民自为身家，岂竟置之不问？其劝办有效团总人等，由该□或道府给予匾额，以示奖励。各该州县等，果能实心实力，著有成效，不特与颂翕然，本部院亦当请旨嘉奖。如竟漫置不理，阳奉阴违，甚或因之扰累，除照部议办理外，并即据实上闻。勉之懔之。仍将告示张贴处所及遵办情形禀报查核。毋违。切切，此札。

劝民垦种荒山告示

各处荒山，弃之可惜。木果杂粮，都可种植。松杉竹柏，桐茶棕漆。白蜡木油，皆为用物。布种一山，获利千百。桃梨橘柚，梅柿枣栗。或鲜或干，少本多息。更有杂粮，随地结实。包谷红薯，丰荒可食。有山不种，岂非大惑？自己无山，租佃亦得。薄取山租，富家阴德。富无弃地，贫有作业。既免乞丐，亦少盗贼。荒山不种，其故可识：恐被他人，砍代偷窃。现札州县，殷勤督率。谕令团保，严议戒饬。敢有伤害，重惩勿释。富者劝导，贫者努力。维持保护，州县之责。考成在斯，吾言不易。①

陈宝箴饬令各地州县“殷勤督率”“维持保护”，鼓励“富者劝导，贫者努力”。陈宝箴一面刊发告示广为张贴，晓谕各乡村民；一面躬身是问，“轻骑减从”，亲赴各方“传集团保、族长人等，剀切面谕”，命令他们“转相劝导，议定团规”，严格保护山林庄稼，禁止他人砍伐偷窃，严禁放纵牲畜践踏伤损，如有故意违抗团规、禁令，“团保”必须“据实禀报”，分情节轻重严加惩治，“以儆效尤”。同时劝谕有山之家，与其让荒山闲置不用，不如“立约承佃”租给贫民垦种，“不必计较山租”。这样“富无弃地，贫有作业。既免乞丐，亦少盗贼”，“保富安贫，一举两得”。只要地方官员诚心协力督办，“不恤烦劳，躬亲劝谕”，“严立禁防”，使民众有利无害，能得温饱，民众无不闻风而乐从。凡努力劝谕垦殖成效显著的“团总人等”，由所属道府“给予匾额，以示奖励”；还将奏报“请旨嘉奖”。倘若“漫置不理，阳奉阴违”，甚至扰乱、破坏，除“照部议办理”外，据实上奏“勉之懔之”，并向各地绅员晓明利害，表明态度：“考成在斯，吾言不易。”以督垦的成绩作为考察、选拔官吏的依据。督垦告示颁行以

① 汪叔子、张求会编：《陈宝箴集》（中），北京：中华书局，2005 年，第 1113－1114 页。

后，各级官绅无不依次从命，各地乡民不辞辛劳地耕作，灾后的湖南农村经济开始复苏。①

在“中华时势，创巨气弱，内备未修，外患日亟”② 的晚清时期，社会制度每况愈下，清朝统治难以为继。陈宝箴受任抚湘，面对吏治腐败、经济萧条、灾害连年的困境，主政湖南是何等艰难。他凭多年对湖南的了解，首行整肃吏治、赈灾垦荒，并多次向朝廷奏请减免湖南厘金等税费，吁请京城及各省官绅、富贾资助湖南。在全国上下及各省官绅共同协援之下，湖南首项新政措施收到成效，吏治明显好转，灾情逐渐缓解，生产有所恢复，民生有所改善，为以后的湖南新政奠定了基础。

① 汪叔子、张求会编：《陈宝箴集》（中），北京：中华书局，2005 年，第 1113－1114 页。

② 汪叔子、张求会编：《陈宝箴集》（下），北京：中华书局，2005 年，第 1523 页。

兴业办学

第五章
兴办实业　鼓励绅民务工商

为了广辟利源，充分发挥地理优势，发掘地利潜力，开发地下资源，陈宝箴一面饬令垦荒生产，扩大种植面积，发展多种经营；一面兴办各种实业，鼓励开矿经商。湖南矿藏资源丰富，素有“非金属矿之乡”和“有色金属之乡”的美称。陈宝箴非常看好和重视开发矿产资源，他了解到湖南“土地奥衍，煤铁五金之产毕具”①，决心大力发展矿业，开辟利源，作为兴办实业、振兴湖南的新政起点。

一、开办矿务企业，为推行新政奠定经济基础

陈宝箴详尽考察了英法资产阶级革命后走上富强道路的历史经验，认识到“泰西富强之基，原于商务”②。中国“目前

---

① 汪叔子、张求会编：《陈宝箴集》（下），北京：中华书局，2005 年，第 2000 页。

② 汪叔子、张求会编：《陈宝箴集》（上），北京：中华书局，2003 年，第 724 页。

所可仿行者，莫如铁路、矿务两事”[①]，力图通过湖南维新变法的途径摸索出一条实业救国的道路，把湖南建成全国的富强之基，作为资产阶级维新派救亡图存的大本营和根据地。这显然代表了正在由封建地主阶级向民族资产阶级转化的富商阶层的利益，当然也符合当时国家和民族的愿望。为此，陈宝箴上书光绪帝《开办湘省矿务疏》奏请兴办湖南矿务，称湖南“山多田少、物产不丰，而山势层叠奥衍，多砂石之质，类不宜于树艺，惟五金之矿多出其中，煤、铁所在多有，小民之无田可耕者每赖此以谋食。近年洋铁盛行，利源渐涸，惟煤尚可通行，然纯用土法开采，工巨利微，未几即畏难中止。其矿产素盛、久经封禁之区，遂时有人潜往盗采，获利稍厚则群起相争，斗讼纷起，地方牧令封禁因之愈严，贫民恐自塞其衣食之途，常有斗杀致毙多命而隐忍不敢举报者，重利轻生，其情极为可悯。光绪二年，臣宝箴卸署辰永沅靖道事回省，曾备言其状，谓‘宜及时经理，不可使天地自然之利所以养人者转以害人’，前抚臣王文韶正拟试办，旋奉命内用，事遂中辍。上年五月，兼护督臣谭继洵遴委通晓矿事员弁，查勘湖南诸矿，周历衡、永各府，所得铅、铜、煤矿已十余处，于民田、庐墓一无妨碍。臣到任后，适值农民歉收，每县乏食饥民，多者至四五十万口，近省浏阳、醴陵两属，私掘矿砂者日常数千人，地方官赈抚弹压，岌岌可虞，由省迭派营勇分途防范。因思荒政通山泽之利，古称‘禹汤有水旱之灾，于是铸金为币，以救民困’，是开矿之举行之歉岁，尤为急务。而近年内外臣工疏陈开矿事宜，俱蒙圣恩俯准，立见施行，如开平煤矿、大冶铁矿，尤有成效可睹。诚以今日公私匮竭，非广开利源、渐塞

① 刘高：《北京戊戌变法史》：北京：北京燕山出版社，2001 年，第254 页。

漏卮，无以为自强之本计”。虽然湖南矿产丰富，但埋藏很深，不易挖掘，故一直未开发。当时，又遇歉年，财政经济日窘，只得开采矿产，以解救湖南之困，还可以“冀苏民困而浚利源”。正当“公私匮竭”，“时局艰难、度支日绌，凡有可以稍裨国计民生者，分应殚竭愚忱，尽其力之所能及”。湖南丰富的矿产资源“正宜设法经理，少佐赈需，且行之目前，既可以工代赈，如渐办有成效，尤可次第推广，以为练兵、制械之资，冀补库藏之所不逮”。①

早在兴办洋务之时，湖南矿业虽然名闻天下，但多属土法开采，技术落后，成本较高，效益较差。若按传统的管理模式，则生产效率不高，矿产质量无法与国外矿产竞争，此时恰逢朝廷为解决税收不足的问题而敦促地方大办实业，陈宝箴趁机向朝廷上书，奏请在长沙设立矿务总局，“择湘士之有志节识度、不为利疚者，量才委用”，延请当时著名舆地专家邹沅帆为湖南矿务总局提督，主持矿政，“委候补道吴锦章总办”，湘中士绅们积极参与矿务事业。陈宝箴考虑到“纯用土法开采，工巨利微，未几即畏难中止”，遂决定“应用机器”，“南、北洋及各处熟谙矿务机器之人”，也可“随时商调”，于是湖南“先择铜、煤、铅、磺等矿较有把握之处试行开采”。②

湖南矿务总局得到朝廷“恩准”以后，陈宝箴着手筹集资金并颁布了《湖南矿务简明章程》。章程内容共分五部分：总局章程 11 条，官办章程 8 条，官商合办章程 14 条，官督商

---

① 汪叔子、张求会编：《陈宝箴集》（上），北京：中华书局，2003 年，第 95－97 页。

② 汪叔子、张求会编：《陈宝箴集》（上），北京：中华书局，2003 年，第 95、96、334 页。

办章程7条，商民已开各矿分别办理章程4条。章程把开办矿务的方法、经费、股份、销售、矿产质量、政府税收和利润分配等问题做了若干具体规定，把矿务企业分为官办、官商合办和官督商办三种形式，即“由官督办，不招商股者曰‘官办’；招商入股者曰‘官商合办’；由商请办，官不入股者曰‘官督商办’。官办、官商合办者，由总局委员经理；官督商办者，由商人自行经理，惟分别给收砂护照，或派员抽收砂税、炉税”①，矿务总局可照章抽员会同地方官吏共同维护。陈宝箴原定由官商合办矿务，“虽经招股，奈风气未开，人无矿识，言及办矿，群有戒心”②。矿务总局只得改为官办，收官办作为先导，待见成效之后“再集华股作为公司，与民共之”，力求“行之以渐、持之以恒，先程尺寸之功，徐图扩充之效”，③ 官办矿务企业资金空缺，只能向各钱庄借贷，“而长沙各殷实钱号，亦因矿务经营伊始，成败未定，不肯借贷”④。为解决开矿所需资金缺口，陈宝箴从多种渠道引资，在不断注入大量资金的同时，开始发行股票以筹集资金。规定：“凡指矿招股之处，由总局酌定股数后，或就近准各商民赴局入股，发给实收，或由总局择该矿地方公正富绅，发交实收，令其招

① 汪叔子、张求会编：《陈宝箴集》（上），北京：中华书局，2003年，第97-98页。

② 伍新福主编：《湖南通史·近代卷》，长沙：湖南人民出版社，2008年，第439页。

③ 汪叔子、张求会编：《陈宝箴集》（上），北京：中华书局，2003年，第97、724页。

④ 伍新福主编：《湖南通史·近代卷》，长沙：湖南人民出版社，2008年，第439页。

集"[①]，并准许入股的商民可以进入矿务总局担任职务。其中影响最为深远的当属阜南官钱局，这是陈宝箴设立的"准银行"性质的金融机构，由当时的长沙富商朱昌琳主持其事。正当湖南矿务资金枯竭之时，陈宝箴如遇久旱甘霖，得到了湖南民族资产阶级和开明士绅的鼎力资助，湖南早期民族资本家阜南官钱局总办朱昌琳以"开辟利源，救济桑梓"为宗旨借银一万两给陈宝箴，陈宝箴又从厘金、善后、房捐等部门借贷五十万两，朱昌琳又为其借贷作无偿担保，及时帮助陈宝箴缓解了矿务总局的危困。朱昌琳之子朱彝也主动助陈宝箴一臂之力，他入局办事，兢兢业业，不领分毫薪金，"借资周转，跋涉山林，感受暑湿，积劳病故"，为湖南矿务事业奉献了宝贵的生命。由于朱氏父子"热忱毅力"的支持，湖南矿务得以顺利发展。"矿务虽渐有起色"，但规模也渐次扩充而"需资益巨"。矿务总局办事湘潭绅员黄笃恭积极筹款，"备极焦劳，心力交瘁"；湘潭绅员梁焕奎、长沙绅员黄鸿飞"从事公同擘画，不惮勤劳"，长沙绅员张广枏督率在事人等"勤事奋功，不遗余力"。"因而长沙各银钱商号，稔知诸氏皆系正人，并办事勤恳，矿务必有成效，不至赔累商家"，都开始与矿务总局有银钱往来，借款资助开矿。[②]

资金问题解决以后，矿务总局决定首先开办常宁水口山矿务。陈宝箴主张淘汰土法，"首倡以西法开矿"，优先聘任大量精通矿学的人才入湘主持矿务，委派宁乡绅员廖树蘅和廖基

---

① 汪叔子、张求会编：《陈宝箴集》（上），北京：中华书局，2003 年，第 100 页。

② 湖南历史资料编辑委员会编：《湖南历史资料》（3），长沙：湖南人民出版社，1958 年，第 109－110 页。

植主持常宁水口山铅锌矿事宜。开办之初，“苦于积潦，无力可施”，廖树蘅到任后，发明了“明窿之法”代替传统的暗坑法采矿，虽然遭到守旧派官绅的反对，但是陈宝箴不为所动，坚定地支持廖树蘅在水口山推行“明窿之法”开矿，有效地解决了开矿出现积水的难题，从根本上解决了“积潦”问题，世人“皆以此法为中外所未有”。用“明窿之法”开矿，不但消除了隐患，提高了生产效率，还为以后使用机械技术大规模开采矿产创造了条件。廖树蘅身历艰辛，躬身实践，曾慨叹说：“局外之议评，谁识局中之甘苦!”陈宝箴偕同廖氏等绅员为湖南矿务做出了艰苦的努力和卓越的贡献。

水口山矿务经逐年“规划扩充”终于取得了“圆满效果”，矿产售价“收入渐丰”，全矿资金开始“自为周转，并将各银钱商号往来借用之款归还。至光绪二十八年底，局中仍有存款”。继水口山矿务开办以后，接着矿务总局收买并设局开采了平江黄金洞金矿、新化锡矿山锑矿和益阳板溪锑矿等矿产。①

陈宝箴兴办矿务，在湖南新政措施中占有重要地位，且起步最早、投入最多、效果较好。在开办初期，并非纯粹为了开辟利源、增加税收，而是因为兴办矿务既可安抚流民、稳定社会，为施行新政创造良好的社会环境，更为重要的是，此举可开通湖南社会风气。在陈宝箴“晓谕绅商广开各矿”② 的号召下，诸多时务人才如谭嗣同、欧阳中鹄、熊世池等入湘办矿，

---

① 湖南历史资料编辑委员会编：《湖南历史资料》(3)，长沙：湖南人民出版社，1958年，第110页。

② 汪叔子、张求会编：《陈宝箴集》(上)，北京：中华书局，2003年，第660页。

从而在湖南掀起了一股兴办矿务的浪潮，使湖南矿业的发展初具规模，取得了显著的成效。在湖南所有矿务企业中，经营最有成效的有常宁水口山铅锌矿，其次是益阳板溪锑矿、新化锡矿山锑矿和平江黄金洞金矿。

常宁水口山铅锌矿，创办于1896年3月，“为官办企业。同年4月，陈宝箴委廖树蘅为该矿总办。廖树蘅到任后，即着手勘察了矿山情况，几天后，便将开采中存在的问题禀报陈宝箴称：‘该山开采已久，废窿交午，山体受伐既深，若仍隧地深入，不求新法，必至水泉交注，无从下手。’面对这种情况，廖想到‘湘属煅灰，采煤向有明窿、暗窿之别’，于是采用‘明窿法’，由‘平地开一大口，宽深数十丈不等，迤逦斜下，作为坦坡，豁然开通，全无遮蔽，复于窿之外沿修筑沟道，以防阳水溢入’。又‘仿制农家所用之龙骨车，以戽窿积水，每车昼夜用夫四名，更番踏之’。……这一措施，基本克制了过去阻碍矿砂开采的水患，……扩大了矿场的开采面积，节约了非直接采矿工人的劳动力，方便了矿内运输条件，大大提高了生产效率。……1896年（光绪二十二年）铅砂产量是23吨，锌砂527吨，1897年，铅砂产量为1 285吨，锌砂196吨，一年内，总产量增加931吨”①。

益阳板溪锑矿，创办于1897年，初建时属官办企业。开办两年后成效不佳。1899年，陈宝箴被革职后，新任巡抚俞廉三将该矿招商接办，许多商贾不敢冒险接办这家亏损企业。最后由曾在矿务总局任过职的梁焕奎接办该矿，并将其改为民营久通公司。梁焕奎善于经营且积极引进新技术，使矿质较差

---

① 伍新福主编：《湖南通史·近代卷》，长沙：湖南人民出版社，2008年，第438－439页。

的板溪锑矿的产量和效益明显增长，仅次于新化锡矿山锑矿。①

新化锡矿山锑矿，创办于1897年，属官办企业，矿质纯净，以硫化锑为主，稍间有氧化锑。矿砂中除铁的含量约0.5%以外，砒、铅、铜等的含量均在0.15%以下。该矿自1897年至1911年辛亥革命前，出口锑矿砂约8万吨。与益阳板溪锑矿同属戊戌维新时期创办的最有成效的锑矿，成为湖南锑矿的主要产地和出口基地。②

平江黄金洞金矿，1897年由湖南矿务总局收买为官办企业，并设金矿局，矿产面积以黄金洞矿局为中心，30里以内皆属金矿局。矿脉分别蕴藏于金塘、桃树洞、芙蓉窝、小沟、局门口等处。矿局在各矿藏地设立了分厂，沿用土法进行开采。金矿局也曾经打算采用机械技术开采，从粤东聘请了技师，购置了美国机器设备，但后因交通不便，运输燃料有困难，未能实现机器开采，不得已仍用土法开采，因而生产效率很难提高，产量很低。③

湖南各地锑矿大量开采，未经加工的锑矿砂直接外销存在困难，必须“设炉提炼”，提高矿砂品质，打开销路。1896年，湖南士绅张祖同、朱恩绂、汪诒书、杨巩在湖南矿务总局设置的各地矿砂堆栈地长沙南门外灵官渡，合资创办了长沙最早的炼锑厂——湘裕炼矿公司，“使用旧式的制炼炉，……每

① 湖南省地方志编纂委员会编：《湖南通鉴》（上），长沙：湖南人民出版社，2007年，第322页。

② 湖南省地方志编纂委员会编：《湖南通鉴》（上），长沙：湖南人民出版社，2007年，第322页。

③ 湖南省地方志编纂委员会编：《湖南通鉴》（上），长沙：湖南人民出版社，2007年，第322页。

天出产锑有 2 300 余斤”，从 1899 年至 1905 年，湘裕炼矿公司共炼生锑 8 994 吨，其“售于各国之锑，均称佳妙”，且“向来获利甚丰”。①

1897 年，湖南矿务总局与广东商人胡贞甫、刘学海、戴芴轩以官商合办形式创办了大成炼矿公司，由邹代钧任大成炼矿公司提调，商定“官商合办之法，大约官出矿本，商出炉本（并机器、局屋）。开局以后之薪工、局用，均官商合任，所赚之钱官商分之”。胡贞甫担心湖南锑矿矿砂成色质量太低，主张派人去日本学习炼锑技术。邹代钧支持胡贞甫学习新技术、购买新设备的主张，表示“往东洋学炼法，甚好，或数月、半年，均无不可，总须将炼法讲求精当”，并保证“择砂之最佳者炼之”。大成炼矿公司生产设备和技术工艺明显优于湘裕炼矿公司，其使用 8 个炼炉，“昼夜制炼，……每日产额（锑）据说有 5 800 余斤”。从 1898 年至 1905 年共炼生锑 11 693 吨，其产品在国外“销场甚广”，“价值渐增”。②

“湘裕炼矿公司和大成炼矿公司开启了湖南自炼锑矿的历史，也促进了湖南锑矿开采业乃至整个湖南近代工业的发展；同时，也由于这两个公司都设厂于长沙南门外灵官渡，从而使长沙的灵官渡成为近代湖南最大的矿产品转运码头。”③

湖南新政时期，矿务总局除经营水口山铅锌矿、益阳板溪锑矿、新化锡矿山锑矿、平江黄金洞金矿及湘裕、大成炼矿公

① 伍新福主编：《湖南通史·近代卷》，长沙：湖南人民出版社，2008 年，第 351 页。

② 伍新福主编：《湖南通史·近代卷》，长沙：湖南人民出版社，2008 年，第 351－353 页。

③ 伍新福主编：《湖南通史·近代卷》，长沙：湖南人民出版社，2008 年，第 353 页。

司以外，一些小型规模的矿山开采云集湖南山区，据刘镇《湘矿捃要》记载，金、铜、铁、铅、锑、煤等在办矿务有几十处。如1896年开办的有：常宁龙王山铅矿，宁乡、湘潭小花石煤矿，桂阳、常德、永顺、桑植各地铜矿，澧州、辰州各硝、磺矿。1897年开办的有：辰州、永顺、沅州、靖州锑、煤矿，辰溪、泸溪锑矿，芷江沙罗田锑矿，沅陵银矿陀等锑矿，安化滑板溪、木李坪各锑矿。1898年开办的有：芷江、黔阳煤、铁矿。1899年开办的有：邵阳龙山锑矿，安化仙溪铅矿，醴陵枫树山煤矿，洋山冲锑矿，黔江、会同金矿等等。这些矿务企业属官营性质，规模小，设备、技术落后，在管理方面颇具封建色彩，尽管如此，这些矿务企业仍诱发和刺激了湖南民族资本家发展地方矿业的欲望，也起到了一定的示范作用，标志着湖南近代矿业的萌芽。①

陈宝箴在督办矿务时，注重加强矿务管理，他起草颁布的《湖南矿务简明章程》，规矩严格，奖罚分明。规定所有分局绅员若办事“廉干勤谨，功效卓著”，年终由矿务总局禀请抚宪，“大则破格奖励，小则记功一次”。若“操守不谨，办理不善，重则撤委究治，轻则记过一次”。总局各员若有失职，则“查察核夺，一体办理”，恕不例外。还强调矿务与地方“合作互助”，否则，也将“核夺其职”。② 正因为陈宝箴为湖南矿务制定了严明的纪律和规章，加强了各生产环节的监督管

① 伍新福主编：《湖南通史 · 近代卷》，长沙：湖南人民出版社，2008年，第446页。

② 周正云、周炜：《湖南近现代法律制度》（第一册），长沙：湖南人民出版社，2012年，第218页。

理，因而使“矿务局已获优利”①。湖南矿业的发展已经初具规模，取得了很多成效，在戊戌政变后，湖南新政“累年所腐心焦思，废眠忘餐，艰苦曲折，经营缔造者，荡然俱尽”②，唯有“矿务已取优利，得不废”③。湖南矿业终于逐渐取代了因袭传统的生产方式，具有开创性的历史意义，陈宝箴为湖南矿业近代化立下了汗马功劳。

二、兴办近代工业，推动湖南经济近代化进程

湖南矿业的开办，为湖南新政奠定了经济基础，也诱发了民间资本开办实业的欲望。陈宝箴号召和鼓励私人集资创办实业，从而催发了一批私人筹资创办的民营企业的诞生，如湖南善记和丰火柴公司、湖南宝善成机器制造公司、湖南长衡福湘水利公司、长沙化学制造公司等。

1. 湖南善记和丰火柴公司

1895 年，湖南遭受严重旱灾，清政府特拨赈灾救济款一万两官银给湖南。长沙士绅刘国泰等提出以工代赈的办法，向省抚陈宝箴建议：“以此赈款创立洋火局，藉以收纳贫民，以从事工作，庶民有常业，不致流离；制造若能讲求，更可挽回利权。”该建议得到省抚陈宝箴的同意。陈宝箴委任长沙士绅、同治壬戌举人张祖同为总办，刘国泰和杨巩为帮办，筹办火柴厂。资金来源由张祖同等募集散股 8 000 两，张祖同、刘

① （清）范当世著，寒碧笺评：《范伯子诗文选集》，杭州：浙江古籍出版社，2006 年，第 351 页。

② 刘梦溪：《陈宝箴和湖南新政》，北京：故宫出版社，2012 年，第235 页。

③ 刘梦溪主编：《中国现代学术经典》（陈寅恪卷），石家庄：河北教育出版社，2002 年，第 890 页。

国泰、杨巩以“立本堂”的名义自己出资12 000两，与赈济款合并共30 000两，作为创办资本。1896年，“善记和丰火柴股份公司”正式开工，公司设在长沙北门外开福寺和迎恩寺之间。公司初创时期机器设备很简陋，除少量人工手动的排梗机、齐梗机外，大部分工序都是手工操作。产品原料主要有梗枝、盒片和药料（磷、硫磺、玻璃粉、光粉、松香、松烟等）大多来自本地。如梗枝、盒片，以低价收购农民伐送的松柏木材，在安化、益阳、桂阳等地设厂加工；磷、硫磺、玻璃粉等多从美国、日本进口。①

火柴生产制作工序比较简单，将原材料刨片、切梗、蒸烤以后，经过齐梗、装盘、排板、上油、点药、烘干、拆板、装盒等过程即成成品，其产品商标为“金钱”，旗下红头火柴为“双狮”牌，黑头火柴为“龙”牌。红头火柴销往省内，黑头火柴为安全火柴，行销省内外，声誉和销路颇佳。皮锡瑞曾参观该公司后，在日记中称湖南火柴局“局面甚大，略似上海、湖北”。②

善记和丰火柴公司创办初期，尚不甚了解“洋火”的品质，不敢投资，公司生产经营比较困难。湖南维新运动中主要喉舌《湘学新报》积极为火柴公司做宣传工作，专门就“制造火柴”议题设计了一则问答式的广告。

问：制造火柴，本属末技，果能收利否？

---

① 伍新福主编：《湖南通史·近代卷》，长沙：湖南人民出版社，2008年，第342－343页。

② 伍新福主编：《湖南通史·近代卷》，长沙：湖南人民出版社，2008年，第343页。

答：火柴一物，泰西各国皆制造之，其法极为美备……物虽至微，用则至广。此一物也，亦如煤、米，比户皆可适用，况且取之甚便，价又极廉，犹为人人所爱用之物。如其无利无用，何以重庆、上海、香港等处均有火柴公司？可见此物虽细，本一利百，又谁不乐为哉？湘省矿务大兴，安的摩尼一物，实为火柴药料之大宗。使不及早图维，以专其利，又将委利于泰西诸国矣！呜呼！不其恫与！[①]

这一问答式的广告宣传起了积极作用，有效地消除了绅民对“洋火柴”的疑虑，提高了他们的投资热情，火柴公司逐渐得到了吸资扩充，也打开了销路。可是好景不长，由于外国火柴质量高于善记和丰火柴，使善记和丰火柴丧失竞争能力，发展非常缓慢，加之公司经营管理不善，主持公司生产运营的三位士绅“对于工业又非素习，不明其中利弊，致内部又无妥善规章，对外无一定计划，惟恃二三亲信，任意为之，一有亏损或急需，即不免以票币资挹注，致发行额达 50 万串，超过所有资本且五六倍”[②]。后又遇不测风云，长沙发大水灾，公司遭水淹没，损失惨重，从此一蹶不振，最终倒闭。

善记和丰火柴公司是由绅商集股开设和经营的商办企业，使用近代化的机器生产，虽以手工操作为主，但仍属机器工艺生产流程，采用资本主义生产方式，实行雇佣制招募工人，存在剥削工人剩余价值的行为。公司有正式工人七八百人，还有

① 钱基博撰：《湖湘文库·湘学丛编近百年湖南学风》（甲编），长沙：岳麓书社，2012 年，第 294 页。

② 周秋光、张少利、许德雅、王猛：《湖南社会史》（2），长沙：湖南人民出版社，2013 年，第 575 页。

厂外承包加工部件的众多临时工，他们都是脱离土地无田可耕的农民和没有任何生产资料的城市贫民，实质上就是靠出卖劳动力来维持生活的非产业工人。因此，善记和丰火柴公司具有典型的近代资本主义企业的特征，是湖南维新运动中最早使用机器生产的资本主义近代化工厂，是湖南近代资本主义工业兴起的标志。

2. 湖南宝善成机器制造公司

湖南宝善成机器制造公司是维新运动中首先由士绅集股创办，后来改为官营的一家影响较大的近代民用企业。1896 年，在湘抚陈宝箴的支持下，湘绅王先谦、张祖同和前河南道、陕西道监察御史黄自元自筹资金创办。公司初为官商合办，经时任两江总督刘坤一批准，以“盐斤加价”的方式筹集部分官款。后因资金不能到位，王先谦只得将公司改为官督商办，他出资 10 000 两，长沙商人陈文玮集资 5 000 两，共计15 000两先行筹办。王先谦任公司经理，聘请曾在山东机器局、四川机器局担任过技术工作的湖南桂阳人曾昭吉为工程师，下设总稽察和总核账各一员，分别负责厂务和财务管理。①

王先谦等开始时对公司远景规划雄心勃勃，想把它办成一家综合性的实业公司，包括开采煤矿，制造火药，建立发电厂、纺织厂、铸币厂、舂米厂、榨油厂、洋烛厂、东洋车厂等，设想规模相当宏大。他还到上海招聘技工，购置小马力锅炉一具，刨床、车床各一台。但在办理过程中困难重重，“开办年余，亏损太大，无以为继”。设想不能实现，只得转为官办。“陈宝箴委派裕庆总理其事。”裕庆改变公司生产方向，

---

① 谭仲池主编：《长沙通史·近代卷》，长沙：湖南教育出版社，2013 年，第 344 页。

拟开采煤矿、制造火药，弥补亏损。但经办两年多，“企业整体并无多大起色，仅在制辫机和发电厂两个项目有所成效”。[1]

1897年，陈宝箴“命宝善成公司制造电灯”，先在抚署机关试用“数月而善”后，再向社会推广。公司派曾昭吉去上海购买一套小型发电设备，在湖南抚署衙门附近建发电厂，架设电线，在抚署衙门和其他政府机关，以及附近学堂、报馆及沿街商店安装电灯。[2] 长沙市民初见夜晚亮灯，以为电灯是鬼火，甚至以石击灯。电厂发电试用期间，抚署辕门因发生漏电失火事故，更使长沙市民不敢使用电灯。1898年，谭嗣同特在《湘报》第29期发表专题文章《论电灯之益》，宣传湖南发展电力事业是一项现代科学事业，赞扬宝善成机器制造公司开设发电厂给长沙带来了光明，是社会发展进步的表现，抚署门前失火，是线路故障所致，不是电灯本身的问题。这一广告宣传消除了长沙市民的疑虑。接着，公司又在长沙南门建发电厂，“衙署街衢已安之灯八百余盏”[3]，“由是长沙一城，自学堂、报馆以逮通衢之大商肆，咸入夕炳炳然矣”[4]。使用电灯“放大光明”，有百利而无一害，“令民间皆得同其利。取费又甚廉贱”，“人犹争用之”，申请安装电灯之数多达一千六七百

---

① 谭仲池主编：《长沙通史·近代卷》，长沙：湖南教育出版社，2013年，第344－345页。

② 谭仲池主编：《长沙通史·近代卷》，长沙：湖南教育出版社，2013年，第345页。

③ 湖南省志编纂委员会编：《湖南省志》（第一卷），长沙：湖南人民出版社，1980年，第152页。

④ （清）谭嗣同：《论电灯之益》，蔡尚思、方行编：《谭嗣同全集》（增订本），北京：中华书局，1981年，第429页。

盏。[1] 南北两厂发电量有限，无法满足市场需求。电灯的使用，是湖南新政带来的实惠，在一定程度、范围内扩大了湖南新政的影响。

谭嗣同的《论电灯之益》虽为用电广告，但宣传了电灯的科学原理，提高了湘民对电的认识和用电的积极性，长沙两家发电厂一时无法满足市民的用电需求，这是宝善成机器制造公司的功劳和贡献。

由于湖南宝善成机器制造公司经营项目繁多，各种设想试办莫衷一是；且经营管理不善，商业运作不顺；加上资金不足，众志不齐，中道相弃，收效些微；后期又因戊戌维新失败而失去官方支持，致使公司无以为继，逐渐衰停。但是，王先谦以一代经学大师身份和黄自元以翰林编修名望，合力创办湖南近代工业企业，对整个湖南社会风气造成了很大的震动，也为湖南近代工业的兴起和发展奠定了基础。

3. 湖南长衡福湘水利公司

清朝末年维新运动期间出现的水利公司，主要是由地方士绅倡办，由官府支持采用筹资集股的形式组建而成，主要经营业务方式是购置抽水机等排水设备，开展租赁经营活动，主要经营业务是：帮助农田灌溉、排渍、排涝，帮助煤铁矿、石灰窑排除积水，兼助河道塘堰抽、排等业务。清末早期的水利公司主要在湖南地区。

1898 年，湖南乡绅梁肇荣实地考察湖南农田水利状况，发现民田“其地之高亢及洼下之处或为灌溉所不及，或以积潦而被淹，往往树艺无愆，难期收获”。衡州煤矿及各处石灰

① （清）谭嗣同：《论电灯之益》，《谭嗣同集》，长沙：岳麓书社，2012 年，第 467 - 468 页。

窑洞中“皆水源甚巨，日夕滔滔”，难以安全有效地开采，而传统的排水方式则“以人与牛车挽其中”，耗资颇高，“岁需数千金或万余金不等”，甚至因劳累而有“仓猝压溺之穷民及枯瘠倒毙之牛只”。①此种可悯情景时常可见，因而发起筹办水利公司。他在《长衡福湘水利公司招股启》中载明其旨意为防旱抗涝、救护田禾及疏泄煤矿内的积水，并阐述其在煤矿内排水的功效，“无论窿洞深曲宽广至数十丈，酌用汽机大小马力，安置水管汲取，不数日内可见成效，真属事半功倍，利益无穷”②。

水利公司的经营方式，主要是对汲水汽机的租赁及代汲各处窿洞的积水，通过发行股票集资开办。汲水汽机使用便利，费省功倍，当农田高亢，上无水洼，难以浇灌之时，可将水管置于低下之处，汲水上行，即使雨泽愆期，也可收“随时浸润”之效；若农田低下，因水涨而被淹时，亦可将此汲水器插入水洼之中，则“汪洋巨浸可令速消，南陌东阡居然绣壤，不独可免其鱼之患，小民东作之力并可为之一纾”。③

同年，湖南龙阳县士绅江瑞清也表达出对此种汲水器的欣赏和喜爱之情，他因“龙阳多滨湖之田，与水争地，霪霖弥月，积水成渠，河身既高，欲泄无术，望洋兴叹，广废膏腴”而叹惋，并在阅读时务新书时，领悟到国外汲水机器的功效，“西人有汲水大机器，十丈洪流，旦夕可固，既能吸水使出，

① 《湘报》报馆编：《尽先副将梁肇荣等请设水利公司购办机器备租禀并批》，《湘报·下》（96－177号），北京：中华书局，2006年，第1714页。

② 《湘报》报馆编：《长衡福湘水利公司招股启》，《湘报·下》（96－177号），北京：中华书局，2006年，第1722页。

③ 《湘报》报馆编：《尽先副将梁肇荣等请设水利公司购办机器备租禀并批》，《湘报·下》（96－177号），北京：中华书局，2006年，第1714页。

亦能倒吸而入，借水之力略无停时，极大者得千百匹马力，比中国水车大数千百倍，且十分灵活方便”，对于“水旱偏灾皆可补救”，亦希望通过集股购置机器，筹办水利公司，“仿省城机器局章程集股购办，以兴水利除水害”。[①]

湖南长衡福湘水利公司的筹建，引入外国先进机器，显然是西学东渐在中国的进一步传播，是学习西方先进技术的表现，对中国水利建设的近代化发展起到了积极的推动作用。

4. 长沙化学制造公司

1898 年 7 月，湘潭监生张本奎、湘乡举人萧仲祁等上书省抚陈宝箴，禀请准备筹办长沙化学制造公司，始用樟树根熬制樟脑。陈宝箴批示云：“该生等系用化学蒸造，并需购备机器，如果蒸造合适，可以销行。”[②] 并批准其专利十年，在陈宝箴的支持下，长沙化学制造公司迅即创办，投入生产。

尽管湖南近代工厂企业因缺乏经验，管理不善，发展缓慢，但它作为新生产力的代表显示了生命力，湖湘大地首次出现了用机器进行生产的新式工厂企业，标志着近代化的生产方式在湖南开始逐渐取代千百年来沿袭的落后的手工生产方式，体现了时代的进步。

近代湖南维新运动中，既涌现过湖南宝善成机器制造公司等官办企业，还出现过一批小规模的商办机器厂，如陈万利机器厂、裕湘机器厂等。陈万利机器厂创办于 1898 年，以生产石印机为业，适应和满足了维新运动期间报刊书籍大量印刷的

① 《湘报》报馆编：《龙阳商会水利公司集股章程》，《湘报・下》（96－177 号），北京：中华书局，2006 年，第 953 页。

② 《湘报》报馆编：《湘潭监生张本奎湘乡廪贡生萧仲祁湘乡廪生王国柱创设化学制造公司禀并批》，《湘报・下》（96－177 号），北京：中华书局，2006 年，第 1320 页。

需求。[①] 裕湘机器厂则由姜华林创办于1900年。

永顺县贡生黎文蔚制成两种水机，以水为动力用于磨麦、打米，在民间出告示招卖。永明胡士荣制成木质碾米机，以风力和水力为动力，比较新奇，拟赴省察请商务局准予专利出售。1906年，王纡青设立醴陵县蚕桑学社，制造缫丝机车。1907年，谢兰畦在湖南官立工业学堂制料纹布脚踏机成功。此外，尚有许多民办工厂，规模虽小，对湖南社会经济发展没有产生大的影响，但作为商办近代企业，对湖南近代化的开端具有重要意义。[②]

三、创办交通、邮电等产业，为湖南经济近代化服务

陈宝箴在开办矿业的基础上，创办多种实业，推动了湖南地区近代化经济的发展。各项产业对原料、产品的运输和科技信息的交流产生了新的需求，从而催生了为产业服务的交通运输和邮电、通信等近代性质的工业企业。因此，湖南的内河航运、邮电通信和铁路运输便应运而生。

1. 鄂湘善后轮船局的创办

湖南地处中国腹地，无出口海岸，而交通系统又制约了矿务实业的发展。陈宝箴希望突破湖南实业发展的瓶颈，创建湖南交通体系，依据湖南的自然地理条件优势，首先振兴湖南内河航运。

---

① 湖南省地方志编纂委员会编：《湖南省志》（第九卷），长沙：湖南出版社，1994年，第2页。

② 郭钦编著：《湖南近现代工业史》，长沙：湖南人民出版社，2013年，第101－102页。

湖南境内河流纵横交错，水系四通八达，长度超过5公里的河流就有5 300余条，湘、资、沅、澧连接八百里洞庭，是历代水运交通要道，其经济价值和战略地位不可忽视。在这种天成的自然河网中建立内河航运体系，既能促进湖南省内经济的发展繁荣，又能加强与外省的经济联系，可谓有百利而无一害。

湖南内河航运业是湖南交通运输业最早兴起的产业，而鄂湘善后轮船局的创办，则是湖南近代内河航运业的先导。早在甲午中日战争爆发之前，湘籍京官郭嵩焘解职回湘时，就提出“集股行轮于鄂湘间”的建议。但当时因湘省风气未开，湘绅极力反对而作罢。甲午中日战争后，谭嗣同又提出“多修铁路，多造浅水拖轮，以兴商务，而挽利权”的主张。湘籍京官龙湛霖、张百熙等也“属书敦劝”在湘“创兴小轮”。湖南士绅不负众官之望，于1896年底，开始筹划开办鄂湘间轮船航运事业，诸绅提请省抚陈宝箴出面主持，由熊希龄和蒋德钧具体操办。湖南官绅正商议通航之事时，湖北巡抚谭继洵首先发函给湖南巡抚陈宝箴，提出疑虑：湖南若内河通航，洋轮借口开进湘江，民船因之失去生计，湘省厘金随之减色。陈宝箴委托熊希龄回信给鄂抚释疑：湘航行轮不仅不会出现鄂抚所担心之事，而且鄂湘通航还可装运货物，“反而可以增益”，还可以“振商务害谓八达”，“挽回利权”，“保湘即可保鄂”。[1]

释罢谭抚疑云，又遇张督疑窦。两广总督张之洞写信给陈宝箴，称担心湖南行轮招致西人入内，引起外事纠纷，因此反对湖南行轮通航。蒋德钧和熊希龄决定不再以湖南抚署官方名

---

① 谭仲池主编：《长沙通史·近代卷》，长沙：湖南教育出版社，2013年，第356－357页。

义出面，而以湘绅联名向张督上递《公呈》。《公呈》由湘绅王先谦领衔，张祖同、朱昌琳、汤聘珍及熊希龄、蒋德钧依次具名，力陈湖南行轮通航的理由：其一，湖南风气日开，于轮船事，“居民见惯，习焉不惊”；其二，“湖南矿产大开，以煤、铁、磺三者为最盛，卢汉铁路兴工，煤铁实为要需，转运不灵，势难接济”；其三，“新设和丰火柴公司，宝善成机器制造公司，均经开厂，工作日兴，货产滋多，非有轮船拖运，商贩不能畅销”。[①] 另外，熊希龄还以湘绅名义给张督写了一封长信，详尽地说明湖南应尽快行轮通航的理由：“今虽议行制造各厂，实恃轮船为发轫之端，轮船不行，诸厂可废，况电报、铁路，相辅而行，轮船既成，风气渐开，即为将来广东铁路接入湖北铁路之张本，与大局未尚无几微之益也。”同时，“时夕之变，朝夕莫测，祸患之乘，岂能逆睹”，若长沙一旦开埠通商，再“重议行轮”，则“洋人已占我先着矣，湘人虽悔亦无及也”。[②]《公呈》和致张督之长信于1896年托交张之洞。1897年，陈宝箴又委派蒋德钧和熊希龄前往面见张之洞，遭拒后经汉口名绅黄嗣东从中斡旋，张之洞才勉强接见。蒋、熊当面申述来意后，遭张之洞婉拒。熊希龄忍不住反问：为何湖南不能办轮船？眼看外国商轮直抵湖南内河，而不准本国人置轮开航，应怎样向国人解释？张之洞勃然变色，端茶送客时，由于激动，失手碰落茶碗盖，而失了官场礼仪，遂冷静下来。经蒋、熊多次与谈，据理力争，加上国内变法热潮兴起，

---

① （清）江标编：《湖南绅士请办内河小火轮禀稿》，《湘学新报》（第6册），1897年6月10日。

② （清）熊希龄：《侃切陈明湘省行轮之必要上鄂督张之洞函》，周秋光编：《熊希龄集》（上册），长沙：湖南出版社，1996年，第49－50页。

张之洞无奈批准《公呈》，仍附限制条件若干。①

遵照张之洞批示，鄂、湘两省开始筹办轮船之事，1897年8月通过《鄂湘善后轮船局合办章程》，两省公举总董各三人主持筹办，具体分工为鄂省由黄嗣东督办，湖南由张祖同督办；两省共筹资10万两，各置大轮一艘，小轮两艘，大轮用于湘鄂航道，小轮用于各省省内航道。鄂湘善后轮船局分北、南两局，北局设汉口，南局设长沙。1897年9月，南局租用省抚衙门官轮，在长沙至湘潭、长沙至常德、长沙至岳州等航道进行了试航。1898年3月22日，《湘报》第14号刊登“轮船开办”消息称：“去年鄂湘两省绅商议立轮船公司载货搭客，已蒙香帅（笔者按：张之洞，号香涛）、右帅（笔者按：陈宝箴，号右铭）批准在案。……汉口、岳州、长沙、湘潭码头均已购定地基。暂借鄂之楚威、楚宝，湘之湘帆、慈航四支官轮，定期三月开办驶行。”②《湘报》第40号开始刊登轮船局的“新造木轮”广告，称“此轮仿苏河本轮式样加工制造，轻便异常。往来长沙湘潭载客，甚至稳便而价极廉，每日上午八点钟开往湘潭，晚间八点钟开回长沙，决不迟误。停泊定所长沙在大西门外，湘潭在十四总”③。但鄂湘善后轮船局的鄂湘航线，暂时尚待开通，只是先开通了省内航线。④

---

① 谭仲池主编：《长沙通史·近代卷》，长沙：湖南教育出版社，2013年，第357－358页。

② 《湘报》报馆编：《轮船开办》，《湘报·上》（1－95号），北京：中华书局，2006年，第55页。

③ 《湘报》报馆编：《告白》（广告），《湘报·上》（1－95号），北京：中华书局，2006年，第322页。

④ 谭仲池主编：《长沙通史·近代卷》，长沙：湖南教育出版社，2013年，第359－360页。

1898年6月，鄂湘善后轮船局更名为两湖轮船局（亦称“两湖轮船公司”），同年六月十五日，两湖轮船局正式开通长沙至汉口航线。货运仍以矿产为主，实行“自雇民船附轮拖带”。两湖轮船局还附设“信局”，“收带公文、银钱、包裹、信件”，其价格也以广告形式对外公布。[①] 从六月十九日开行第一班下水轮，到九月初二班轮，两湖轮船局的楚宝、楚威、慈航三轮在72天的时间里，共开行从长沙到汉口的轮船为14班。[②]

在两湖轮船局的带动之下，湖南出现了多家商民开办的民营轮船航运公司。1898年7月，湘绅龙璋邀集商股申办了鄂湘溥利轮船有限公司，在国外购买了四艘轮船，其中两艘设有官舱和客舱，另外两艘为货舱，“在船上载货搭客，毋庸另设拖船”。原定8月正式开航，开通长沙至汉口航线。因轮船技术状况和码头等问题而延期，到9月戊戌政变发生，龙璋因主张维新变法而受牵连，祸及鄂湘溥利轮船有限公司未开张就夭折了。[③]

两湖轮船局作为湖南最早的民族航运企业，适应了地方生产发展和商品经济繁荣的需要，破解了矿务局所急需的铅、锌、锑矿产的运输难题，既保障了利权，又打击了帝国主义染指内河航运的野心，对湖南的社会经济发展起到了非常重要的作用，为湖南新政事业做出了积极贡献，成为湖南航运企业迈

---

① 《湘报》报馆编：《告白》（广告），《湘报·下》（96－177号），北京：中华书局，2006年，第1412－1776页。

② 谭仲池主编：《长沙通史·近代卷》，长沙：湖南教育出版社，2013年，第360页。

③ 谭仲池主编：《长沙通史·近代卷》，长沙：湖南教育出版社，2013年，第361页。

向近代化的标志。

2. 湖南近代邮政实业的创办

我国最早的邮政始于周代，西周就有了比较完整的邮驿制度。周幽王“烽火戏诸侯”便是当时声光传信的典型。湖南邮驿制度起源于东汉，到了清代，从京城经过长沙的驿道就有三条，驿道陆程长 3 670 里，水程长 5 190 里。1885 年，湖南共有驿站旅程 4 605 里，步邮 1 962 人，马邮 1 100 匹。设有铺递 1 098 个，铺司共 5 351 人。湖南邮电企业经过电信业的产生、邮政机构的建立、邮政运输方式的转变三个阶段，已经成为具有近代化性质的邮电工业企业。1877 年中国最早在台湾开办电报行业。1880 年以官督商办的形式创办天津电报总局。多省也纷纷架设电报线路，湖南是全国最晚开办电报的省份。①

1890 年，湖广总督张之洞在《湘省安设电线片》中说：“湖南、湖北两省，中隔重湖，文报往来遇有阻风。动淹旬日，平时已觉呼应不灵，设遇地方紧要事件，尤虞迟误”②，故奏请朝廷将湖北境内荆州商局的电线经沙市渡江，经澧州达长沙，并通湘潭。当线路架设到澧州境内时，当地绅民疑电线为洋人所设，担心“电线设后必引洋人来湘”，乡民将电报干线全数拆毁。又“时值夏令，雨多水涨，电杆经过地方多被

① 伍新福主编：《湖南通史·近代卷》，长沙：湖南人民出版社，2008 年，第 454 页。

② （清）张之洞：《湘省安设电线片》，苑书义、孙华峰、李秉新主编：《张之洞全集》（第 2 册），石家庄：河北人民出版社，1998 年，第 777 页。

水淹，本难工作",[1] 工程被迫停止。"除湖南一省之外，其余十九省遍行设有电线。"[2]

由于湖南境内不通电报，消息闭塞，上报朝廷的紧急文件只得由驿道以600里加急递至武昌拍发，对政令的推行带来很大困难。特别是1895年陈宝箴主政湖南时，正遇严重旱灾，外省赈济协款银两，仅能电汇到汉口，湖南巡抚得派专人去汉口取款，往返长达月余，严重影响当时的赈灾救济。此时"湘省绅民感知电线之便，为事势所必需"。巡抚陈宝箴即以此为契机与湖广总督张之洞商议，重开湘鄂之间电线工程。为避免纠纷，架设鄂湘省间电线改变原定线路，自长沙省城起，沿湘阴、临湘、岳州一带驿道安设，直到湖北蒲圻县境，全程880华里，湖南境内为450华里。工程由湖北、湖南两省分头进行，各自完成本省境内施工架线任务。陈宝箴委派湖南候补同知直隶州曾庆溥负责湖南省内的电线工程。考虑到春节临近，乡民来往省城增多，为了让乡民"先行瞻视，以释疑议"[3]，于1896年内将长沙外附郭15里内电线先行架好，1897年2月5日（正月初四）正式开工，4月底即全线合龙贯通。竣工后，陈宝箴在长沙设立电报局，总领全省电报收发管理。4月29日试通电路之时，电报督办盛宣怀即电贺湖南巡抚陈宝箴："湘线得通，使二十二行省电工告竣，微公，勋德

---

① （清）张之洞：《札北藩司等迅饬蒲圻等县出示晓谕安设电线情形并委员帮同照料》，苑书义、孙华峰、李秉新主编：《张之洞全集》（第5册），石家庄：河北人民出版社，1998年，第3348－3349页。

② 谭仲池主编：《长沙通史·近代卷》，长沙：湖南教育出版社，2013年，第354页。

③ 汪叔子、张求会编：《陈宝箴集》（上），北京：中华书局，2003年，第304页。

不及此。”① 鄂湘电报干线全线竣工后，陈宝箴于 1897 年 5 月正式成立官督商办长沙电报分局，收发官、商电报，并陆续在醴陵、常德等地分设电信机构，在全省形成了初步的电信网络，进一步加强了长沙与汉口的电信联系。②《万国公报》曾专门刊登评论：以往“湖南坚拒新法事，闻各国皆深惜之。自江建霞太史标视学湘中，竭力振兴新学，比陈右铭中丞宝箴奉命巡抚是邦，益复殷勤劝导。今先筑连电线，春末夏初即可通信，视往年焚毁电杆之祸，相悬天壤”③。可见湖南开通电报之事在国内外引起巨大反响，湖南绅民观念转变得如此迅速，令人刮目相看。

在湖南维新运动中，长沙也开始酝酿近代邮政。中国近代邮政始于 1866 年的海关总税务司设立的为外人所办的邮务办事处。1896 年，大清邮局正式成立，仍归总税务司管理。1898 年，总税务司在《复总理衙门邮政通谕》中称：“京司及通商口岸设立邮局，商民既俱称便，亟应多设分局，以广流通。”还建议：“推广邮政，拟即克期遵行，先于各已设邮局之处就近地方密为布置，步步前进，以达于内地，候六个月后，即得添设分局若干。”④ 湖南省也开始推广邮政准备工作。1898 年 6 月，《湘报》第 90、91、95、101、109、110 号分别刊登了邮政总局的《邮政局代寄包裹挂号章程》和《邮局代

① 汪叔子、张求会编：《陈宝箴集》（下），北京：中华书局，2005 年，第 1729 页。

② 谭仲池主编：《长沙通史·近代卷》，长沙：湖南教育出版社，2013 年，第 354－355 页。

③ 林乐和主编：《万国公报》（第二十六册），台北：华文书局股份有限公司，1968 年，第 16815 页。

④ 《复总理衙门邮政通谕》，见湖南省档案馆存档 0－0－15 卷号。

寄包裹保险章程》，为开展邮政业务做宣传。当时的《保卫总局清查户籍章程》中还规定："每户门首悬挂门牌一面，编列号数，上书第几局第几号。……使寻常易于投递信函。"[①] 经过充分筹备，1899 年 11 月 28 日，长沙邮局成立，当时隶属于已经正式开埠的岳州海关岳州邮政局。1904 年，北京总税务司署邮务总办将湖南划为岳州和长沙两个邮界，分设邮政总局。长沙邮局升格为邮政总局，统辖湘中、湘南地区的邮政业务。[②]

邮政运输网络按运输工具不同分为步班邮路和船舶邮路。步班邮路由邮差肩挑背负运送邮件，是维新时期的主要邮路。1899 年，岳州邮政局开辟了岳州府沿湘江江岸经长沙至湘潭的省内第一条干线步班邮路。此后，干线邮路逐渐增辟，按邮界组织邮件运输，全省有连接广东、广西、湖北、贵州、四川等邻省步班邮路及省内常德至长沙、常德至镇远、辰州至秀州（四川境内）、湘潭至宝庆、衡州至永州、津市至永顺、衡州至郴州七大干线昼夜兼程的步班邮路。[③]

船舶邮路是由水路运输邮件的邮政网络，是维新时期随着航运业的产生而兴起的一种仅次于步班邮政的邮运网道。湖南船舶邮路比较发达，省内河流纵横交错，水上运输较为便利，而且水运邮件载运量大，成本低，节省人力、物力，还可以加快邮件运输速度。船舶邮路分为自办和委办两种。自办船舶邮

① 《湘报》报馆编：《保卫总局清查户籍章程》，《湘报·下》（96－177号），北京：中华书局，2006 年，第 1426 页。

② 谭仲池主编：《长沙通史·近代卷》，长沙：湖南教育出版社，2013 年，第 355－356 页。

③ 刘云波、李斌主编：《湖南经济通史·近代卷》，长沙：湖南人民出版社，2013 年，第 185 页。

路为邮电局自备运输工具、自己开办的邮路；委办邮路为委托运输部门代运邮件的邮路。①

邮政业的开办、电报局的设立，标志着湖南近代邮电事业由邮驿逐渐发展为步班、船舶、火车邮路。至此，陈宝箴已初步建立了湖南近代邮政电信体系网络，这是湖南近代邮电事业的进步，对于促进湖南近代资本主义工业企业发展起到了重要作用，为各企业进行业务联系、互通有无和掌握市场信息提供了方便。湖南的邮电事业虽属初步阶段，却是走向近代化的必经之路，其历史地位应予肯定。②

3. 湖南铁路的筹办

铁路是近代交通系统的主要组成部分，也是近代工业经济发展的重要基础。陈宝箴非常重视湖南的铁路交通，他在《遵旨兴筑粤汉铁路湘境段告示》中强调："现在兴筑铁路，为中国富强服务。火车在铁路中，日行千余里，不独调兵运粮、救荒备赈至便至速，为所必需。……沿途商贾，因可开设行栈，贫民亦可挑抬客货、贩卖食物，借便谋生。冷僻之区，顿成镇市，地方立见繁盛。"③ 湖南最早的铁路就是为了方便运煤而建的株（洲）萍（乡）铁路。而真正促使湖南铁路实现近代化的则是粤汉铁路改道入湘之后。1896 年 10 月，铁路总公司督办盛宣怀和王文韶、张之洞等人联名提出修建粤汉铁路，原定由广东绕道江西到湖北，与原先修建的卢汉铁路

① 刘云波、李斌主编：《湖南经济通史 · 近代卷》，长沙：湖南人民出版社，2013 年，第 185 – 186 页。

② 刘云波、李斌主编：《湖南经济通史 · 近代卷》，长沙：湖南人民出版社，2013 年，第 186 页。

③ 汪叔子、张求会编：《陈宝箴集》（中），北京：中华书局，2005 年，第 1205 页。

（京汉铁路）南北连为一线。湖南维新派官员坚决要求粤汉铁路“折而入湘”。谭嗣同在《论湘粤铁路之益》一文中指出：粤汉铁路“自汉口渡江，贯武昌而南，而长沙，而广州，一线联串，无事傍绕”，路途“坦易”，“免造桥梁”，“易招劳工”，“产煤足以行车，产木足以垫道”，强调粤汉铁路“到湖南之后十利”，即“一曰复固有之权利”，“二曰杜觊觎之外患”，“三曰收百粤之海口”，“四曰作全湘之士气”，“五曰振疲钝之商务”，“六曰运重滞之矿砂”，“七曰尽耕耘之地力”，“八曰起组练之新兵”，“九曰兴精巧之工艺”，“十曰拯困乏之穷黎”。[①] 待到“粤汉铁路议兴，当假道湖南”，大理寺卿盛宣怀、湖广总督张之洞“咸虑湘民不从”，致函省抚陈宝箴“以相商”。[②] 陈宝箴知道，这是此前湖南民众阻开河运、阻设电灯所造成的影响。为消除两大臣疑虑，陈宝箴恳言回禀：“然修路便否，当以地形为据，民情可以人力斡旋”[③]，并积极协同“诚便大计，必力任”[④]，布告民众“现在兴筑铁路，为中国富强要务，……此举利国利民，而于经过地方尤有无穷大益”[⑤]。

陈宝箴很看重粤汉铁路对湖南经济的促进作用，他电请张

---

① （清）谭嗣同：《论湘粤铁路之益》，《谭嗣同集》，长沙：岳麓书社，2012年，第111－116页。

② 汪叔子、张求会编：《陈宝箴集》（下），北京：中华书局，2005年，第1988－1989页。

③ 汪叔子、张求会编：《陈宝箴集》（下），北京：中华书局，2005年，第1504页。

④ 汪叔子、张求会编：《陈宝箴集》（下），北京：中华书局，2005年，第1989页。

⑤ 汪叔子、张求会编：《陈宝箴集》（中），北京：中华书局，2005年，第1205页。

之洞、盛宣怀求粤汉铁路取道湖南，奏请“由湖南以达武昌”[①]，建议所经过各段由当地士绅集资兴建。湖南士绅则一改当初对河运的态度，力争原有铁路经湖南而至武汉。“初议由汉至粤，本拟绕道江西，然准其地望，如行于弦之上，较湖南为迂远。”“尤可幸者，湘中矿产富饶，运道一通，销场极畅。而由鄂、湘达粤中，无大河之隔，自郴州逾骑田岭，复有前广东布政使王藩司之春所修山路，甚为平坦，因而用之，工程之省，比之芦汉，利益更厚。”[②] 由于陈宝箴的努力争取，1898 年，清政府不但批准粤汉铁路取道湖南，而且同意“各省路权，尽可由各省绅商分任，路利自须公溥均沾”[③]。粤汉铁路是湖南社会经济向近代化发展的标志，对湖南社会经济发展产生了长远的影响，也为湖南新政的推行、社会民风的开发创造了条件。

总而言之，湖南矿务、机器、电力各类近代工业和交通、邮电各项企业的创办和发展，标志着湖南近代化的开端，为湖南的资本主义工业企业的发展奠定了坚实的基础。以陈宝箴为首的湖南维新派官员通过推行政治、经济、文化各项新政措施，为新兴的社会政治力量——民族资产阶级开辟了前进的道路。湖南作为维新运动的一面旗帜，对全国的近代化进程产生了深远的影响。

---

① 汪叔子、张求会编：《陈宝箴集》（中），北京：中华书局，2005 年，第 1211 页。

② 汪叔子、张求会编：《陈宝箴集》（中），北京：中华书局，2005 年，第 1206－1207、1211 页。

③ 汪叔子、张求会编：《陈宝箴集》（中），北京：中华书局，2005 年，第 1211 页。

四、兴办各项实业，倡立民族企业发展

为了富国强兵，陈宝箴主持湖南新政之时，看到“时势孔棘”，有必要“亟应另募新军，选将训练，俾成节制之师”，决定裁汰驻宝庆、岳州两营，所余各营改称为旗，委派黄忠浩在辰州、沅州、湘乡、宝庆、岳州等地招募新军六旗，分驻长沙、岳州两地，“一体勤加训练，务期悉成劲旅”，如遇不测，可“临事得折冲御侮之用”。其步伐、阵式一律“仿照西法”操练，“器械、军火，均用外洋新式”。[①] 为了培训新式军官，他将省城求贤书院改为武备学堂，聘王者化、武振常等为教习，“以营（旗）兵选用教之”[②]，演习新式武器，讲求舆算测量，进行纪律教育，力纠过去军官骄蛮、倨傲之积习，力图造就一支资产阶级的新型军队。陈宝箴还“密陈筹饷、振海军、联与国之策”[③]，共同御敌。此外还设立了官钱局、铸钱局，议办制造枪弹厂等机构。

湖南各项实业渐次兴办，为了加强管理，发挥其经济效益，陈宝箴接受梁启超的建议，创办课吏馆，责成黄遵宪“妥为拟议章程”，总理其事。馆堂设在“密迩抚署之地”，“开设学校、农工、工程、刑名、缉捕、交涉六类”课程，规定各官所读之书，为各国“约章”“史志”及“政学、公法、

---

① 汪叔子、张求会编：《陈宝箴集》（上），北京：中华书局，2003 年，第 673 - 674 页。

② 谭仲池主编：《长沙通史·近代卷》，长沙：湖南教育出版社，2013 年，第 414 页。

③ 汪叔子、张求会编：《陈宝箴集》（下），北京：中华书局，2005 年，第 2003 页。

农、工、商、兵、矿、政之书”。由督抚兼校长，司道兼副校长，负责“稽察功课，随时教诲”。还“延聘通人为教习，评阅功课”，专门开导责训那些“胸中曾未有地球之形状”，不识“欧洲列国之国名，不知学堂、工艺、商政为何事，不知修道、养兵为何政”的不学无术的守旧官僚，[①] 并“欲使候补各员，讲求居官事理，研习吏治刑名诸书，而考其所得之浅深，用力之勤惰，第其等差，酌给奖资，寓津贴于策励之中。其才识高下，亦因之可见”[②]。黄遵宪积极筹划，指出：“时事当需才之秋，朝廷已深知不学无术之弊”，建议“统全省官吏而课之，推科举之变格，宏课吏之规模，教于未用之先，询以方用之事；察吏之外，兼以所学之浅深，课其政之殿最”。[③] 校长、副校长还经常到堂察看督促，随意阅视学习札记，与在学各官“论其书之美恶”，以便“听其议论，而可以得其为人”。这样，各官“恐功课不及格而获谴，恐见问不能答而失意，莫不争自濯磨，勉强学问”。经过一段时间的学习，“必有议论明达、神气坚定者出”。省抚根据各官学习成绩优劣合理择用，“或因好学而特予优差，或因能办事而委之繁缺”。同时还根据各官所学科目因材施用，力求防止和克服“学非所用，用非所学；及一入宦途，则无不与书卷长别”的社会

---

① （清）梁启超著，方志钦、刘斯奋编注：《梁启超诗文选》，广州：广东人民出版社，1983 年，第 78 – 79 页。

② 汪叔子、张求会编：《陈宝箴集》（中），北京：中华书局，2005 年，第 1182 页。

③ 《湘报》报馆编：《黄公度廉访会筹课吏馆详文》，《湘报·上》（1 – 95 号），北京：中华书局，2006 年，第 82 – 83 页。

弊病。课吏馆虽为新政，而“实隐寓贵族院之规模”①，其主要宗旨在于督饬、训导和擢拔维护地主资产阶级利益的官僚，在“开官智”、肃吏治和行新政方面起到一定的作用。②

为保护一批破土而出的湖南近代工商实业，维护“官绅士商的利益”，防止封建顽固势力的掣肘，陈宝箴以维护社会治安为名，决定仿效西方资本主义国家的警察制度设立保卫局，并委派黄遵宪具体承办。在陈宝箴的主持之下，黄遵宪与陈三立一道，鼎力支持湖南新政，聘请梁启超创办时务学堂和南学会，拥护戊戌变法，堪称湖南维新事业的领军人物。

周作人曾引胡适之《五十年来中国之文学》评价黄遵宪：“当戊戌的变法，他是这运动中的一个人物。”“实则公度何止是一个人物？戊戌维新运动在湖南成功，在北京失败。在湖南所以成功，因为陈宝箴、公度等都是政治家，资望才学为旧派所钦重，凡所措施，有条不紊，成效卓著，反对者虽叫嚣咒骂，而事实俱在，不容抹杀。在北京所以失败，因为康有为、梁任公等都是言论家，资望不足，口出大言，而无实际，轻举妄动，弱点毕呈。一百日间，竟为光绪下变法特旨三四百道，及光绪觉悟康有为不足恃，以驻日本钦差大臣之职予公度而不予有为，三诏严催公度攒程赴京，以图挽救，而时机已失，京变作矣。”③

“湖南维新运动，幕后奔走最力者是陈伯严先生，统筹全

---

① （清）梁启超：《戊戌政变记·湖南广东情形》，翦伯赞等编：《戊戌变法》，上海：神州国光社，1953 年，第 301 页。

② （清）梁启超著，方志钦、刘斯奋编注：《梁启超诗文选》，广州：广东人民出版社，1983 年，第 79－81 页。

③ 中国人民政治协商会议广东省委员会、文史资料研究委员会编：《广东文史资料》（第二十九辑），广州：广东人民出版社，1980 年，第 179 页。

局，发号司令者伯严尊人宝箴，而‘相与助其成者’则公度也。此外，江建霞（恩）、徐砚父（仁铸）等亦为主要人物。谭复生、唐佛尘、熊秉三先生等则地位低微，年事尚轻，摇旗呐喊，褊裨之将而已。至于任公亦不过任时务学堂总教习，其离时务报而赴湘也，实公度商请陈右铭召之来。”①

陈宝箴所招揽的人才，多由陈三立介绍，黄遵宪摆脱张之洞所委江宁洋务局之事赴湘，即受陈宝箴父子之约，而以“变法开新为职务”。黄遵宪在群贤中，“所任职务特重，一人兼盐法道，署按察使、保卫局、课吏馆诸事”，皆实权在握，行事沉稳，卓有成效，其足迹遍及四大洲，多年办理外交、观察时政之阅历，贯通古今中外之学识，办事精细审密之才干，且在群贤之上，“不啻陈右铭中丞之灵魂，亦为当时党人所公认者也”。②

光绪帝早有重用黄遵宪之意，“以谭嗣同、杨锐、刘光第等为章京，军机大臣之职则拟以公度任之”，让他总领朝政中枢，实施新政。但又考虑他官衔不高，不足以胜任该职，特简约手续，派他出使日本以提高资格，待半年后召回重用。③

黄遵宪《己亥杂诗》记光绪二十一年入京觐见前后事云：

御屏丹笔记名新，天语殷殷到小臣。
九牧盛名吾岂敢，知非牛李党中人。

---

① 中国人民政治协商会议广东省委员会、文史资料研究委员会编：《广东文史资料》（第二十九辑），广州：广东人民出版社，1980 年，第 179－180 页。

② 中国人民政治协商会议广东省委员会、文史资料研究委员会编：《广东文史资料》（第二十九辑），广州：广东人民出版社，1980 年，第 180－181 页。

③ 中国人民政治协商会议广东省委员会、文史资料研究委员会编：《广东文史资料》（第二十九辑），广州：广东人民出版社，1980 年，第 180－181 页。

数年来以人才保荐黄遵宪的有“疆臣陈右铭中丞二次，张香涛督部三次，刘岘庄督部、王夔石督部、荣仲华督部、廖谷似中丞，朝官则李宓园尚书、唐春卿侍郎、张野秋侍郎、徐子净侍郎各一次，……闻得旨交军机处存记凡十数次云”①。

可见黄遵宪的才干、胆识早为人所认识，由于重臣多次保荐，光绪帝“特旨召见”，黄遵宪赋诗云：

丹楼彩日画中看，初上鸾坡举步难。
劳动九重前席问，绣衣门外立天官。

其诗即咏此事。光绪帝召见黄遵宪时问：“泰西政治何以胜中国?”黄遵宪答：“泰西之强悉由变法。臣在伦敦问父老言，百年以前尚不如中华。”光绪帝“初甚惊讶，旋笑颔之”，于是决定派黄遵宪任驻德钦差大臣。德国图谋索取胶州，黄遵宪极力阻止，挫败了德国阴谋，光绪帝“于公度（黄遵宪）已有良好之印象，其日后决心变法，公度之言，影响甚大”。②

黄遵宪记戊戌光绪三诏催促赴京一事诗云：

三诏严催倍道驰，《霸朝》一集感恩知。
病中泣读维新诏，深恨锋车就召迟。

由诗可见光绪帝对黄遵宪的信任、器重和恩典，黄遵宪对

---

① 中国人民政治协商会议广东省委员会、文史资料研究委员会编：《广东文史资料》（第二十九辑），广州：广东人民出版社，1980 年，第 181 页。

② 中国人民政治协商会议广东省委员会、文史资料研究委员会编：《广东文史资料》（第二十九辑），广州：广东人民出版社，1980 年，第 181－182 页。

光绪帝的感激涕零之情，也溢于言表，跃然纸上。[①]

黄遵宪是近代最早一批走出国门、走向世界的湖南籍官员，作为驻外使节居住外国长达十四年之久，对西方和日本政治制度做过长期的实地考察，特别推崇日本仿效欧美建立的警察制度，他著有《日本国志》一书，介绍日本明治维新的经过和利弊，呼吁中国学习日本推行新政，这一观点对中国改良派和光绪帝实施戊戌变法影响很大。他强调实施新政必自警察始，“有国家者，欲治国安人，其必自警察始”[②]。甲午中日战争后，随着民族危机的加深，救亡图存、振兴中华的运动高潮迭起，黄遵宪从爱国士人逐步走上了变革社会实践的道路，他参加上海强学会，与梁启超创办《时务报》，鼓吹变法改革，成为维新派的精英。1897 年 6 月，由朝臣翁同龢推荐，黄遵宪出任湖南长宝盐法道，兼署湖南按察使，掌管全省刑狱和官吏的考核。此时恰逢湖南巡抚陈宝箴推行新政，试图仿效西方资本主义国家改良中国封建政体，黄遵宪积极支持陈宝箴推行新政。他亲自负责规划及主持了保卫局、迁善所、整顿刑狱、课吏馆、时务学堂、武备学堂、南学会、湘报馆、团练、矿务、内河小轮船、湘粤铁路十二项新政要务。他将保卫局列在首位，认为“警察一署，为凡百新政之根底，若根底不立，则无奉行之人，而新政皆为空言”[③]。陈宝箴极力赞同黄遵宪的提议，积极支持黄遵宪主持筹建保卫局工作，委托黄遵宪拟

---

① 中国人民政治协商会议广东省委员会、文史资料研究委员会编：《广东文史资料》（第二十九辑），广州：广东人民出版社，1980 年，第 182 页。

② 《论文汇编》编辑部编：《纪念黄遵宪逝世一百周年国际学术研讨会论文汇编》（内部刊物），2005 年，第 173 页。

③ （清）梁启超：《梁启超全集》（第一册），北京：北京出版社，1999 年，第 248－249 页。

定《湖南保卫局章程》。黄遵宪非常认真仔细地构思章程内容条例，每当考虑成熟一条，就写上纸条贴到办公室墙上，一个多月后，写成《湖南保卫局章程》共四十四条。

《湖南保卫局章程》在《湘报》上刊出，广泛征求社会各界人士意见，得到维新派的大力赞扬和开明官绅的赞同。黄遵宪倾注了大量的心血，为解决经费问题，多次与长沙绅商协商筹集资金。推荐湘籍京官左宗棠季子，江苏提法道、布政使左孝同出任保卫局会办大员，黄遵宪亲自出任保卫局总办。经过黄遵宪等人多方努力，克服重重困难，在湘抚陈宝箴鼎力支持下，保卫局终于在 1898 年 7 月 27 日正式成立。

“湖南保卫局的机构设置和内部权限划分，是以‘官民合办’思想为出发点的。其机构设置为总局、分局、小分局三级体制。”[①] 总局为保卫局系统的最高领导机关，分局与小分局则负责治安、处理案件、管理交通、环卫、巡视街道等工作。

保卫局还另设迁善所，其职能类似当代的劳教所、收容所、救助站和工读学校，负责收留犯人和失业人员。凡“年轻失教，由其家长呈首者”，“贫困异常及懒惰不堪由其族长姻戚引送者”都“拘传到所，责令学工”，提供劳动教养、培训，给予重新就业的机会。[②] 情节严重又屡教不改者，责充苦役。

黄遵宪在开办保卫局的过程中，始终认真贯彻官民合办、公议公决的精神，激发了广大绅民的参与热情。保卫局各级人

---

① 万川主编：《中国警政史》，北京：中华书局，2006 年，第 351 页。

② 谭仲池主编：《长沙通史·近代卷》，长沙：湖南教育出版社，2013 年，第 408 页。

士勤奋努力，严格遵循章程的各项规定，整顿社会治安，维护公共秩序，支持公益事业，获得各界人士的普遍拥护。据当时《湘报》所载："保卫局开办以来，各局员绅倍极勤慎，日夜严饬巡丁逡巡街市，城中无赖痞徒渐皆敛迹。""城厢内外，人心贴然，已有成效可观。"① 保卫局的创办，改善了湖南的社会治安环境，维护了长沙社会秩序稳定，作为新政的一项措施，对湖南新政的顺利推行发挥了积极有效的保障作用。

在以陈宝箴为首的维新派倡导、扶持之下，湖南一批近代民族企业从艰苦创业到烟囱林立，逐步发展起来，既避免了帝国主义的染指侵吞，又较顺利地从地主阶级的封建生产关系向资本主义生产关系转化。以陈宝箴为首的湖南维新派为湖南的近代化发展立下了汗马功劳，做出了卓越的贡献。

---

① 《湘报》报馆编:《保卫近闻》,《湘报·下》(96－177号)，北京：中华书局，2006年，第1197页。

第六章
立会兴学　培植贤才做栋梁

一、培养人才，使维新风气大开

陈宝箴主政湖南初期，周围凝聚了一批维新派官员、士绅。他们一致认为，维新“变法必先兴民权，兴民权必先开民智，开民智必先育人才，育人才必先变科举兴学校，兴学校又必须改课时务提倡新学”①。陈宝箴在施行新政兴办实业的过程中，亲身体验到：凡思想开放较有学识、通晓技艺而又锐意求新、颇具胆略的人，所办事业成效显著，认为“国势之强弱，系乎人才；人才之消长，存乎学校。中日议和以来，内外臣工，仰体时艰，深维图治之本，莫不以添设学堂为急务”②。他强调，“救时必自求才始”③，湖南“此时力行新

---

① 郑海麟：《思想·历史与文化评论》，长沙：湖南人民出版社，2010 年，第 126 页。

② 汪叔子、张求会编：《陈宝箴集》（中），北京：中华书局，2005 年，第 1236 页。

③ 蒋志杰：《评张之洞的〈劝学篇〉》，中国历史文献研究会编：《中国历史文献研究集刊》，长沙：岳麓书社，1983 年，第 196 页。

政”，必须“培养人才”。[①] 恰逢此时，1896 年 6 月 12 日，刑部侍郎李瑞棻向光绪帝呈送《请推广学校折》，建议让地方各省、府、州、县设立学堂，得到朝廷允准，一时间，各省新式学堂纷纷创立。陈宝箴顺势把在湖南建立学会、学堂，发展教育“骏骨招贤”[②]、培植人才的问题提到了重要议事日程。当此“时局艰危、人才匮乏”[③] 之时，陈宝箴为使“群材有奋兴之几，国家无乏材之患”[④]，呕心沥血创立学会，兴办学堂，积极发展文化教育事业，奏准“奖励实学、培养人才”[⑤]。他指出：自咸丰以来，“名臣儒将，多出于湘”，湖南“民气之勇、士节之盛，实甲于天下”，而“不愿师他人之长”的弊病也以湖南为最重。[⑥] 近年“闻见渐拓，风气日开，颇以讲求实学为当务之急”，于是“迭与湘省士绅互商提倡振兴之法”，筹商在省会设立时务学堂。[⑦] 1896 年秋冬之际，湖南士绅蒋德钧、熊希龄、王先谦、黄自元、张祖同等人创办宝善成机器制造公司之后，蒋德钧提出在公司内开设工艺学堂。湘抚陈宝箴

---

① 汪叔子、张求会编：《陈宝箴集》（上），北京：中华书局，2003 年，第 727 页。

② 汪叔子、张求会编：《陈宝箴集》（上），北京：中华书局，2003 年，第 768 页。

③ 汪叔子、张求会编：《陈宝箴集》（上），北京：中华书局，2003 年，第 764 页。

④ 汪叔子、张求会编：《陈宝箴集》（上），北京：中华书局，2003 年，第 778 页。

⑤ 汪叔子、张求会编：《陈宝箴集》（上），北京：中华书局，2003 年，第 593 页。

⑥ 汪叔子、张求会编：《陈宝箴集》（上），北京：中华书局，2003 年，第 593 页。

⑦ 汪叔子、张求会编：《陈宝箴集》（上），北京：中华书局，2003 年，第 593 页。

闻而“惊喜叫绝”，于当年年底批准立案，亲自“命名时务学堂”，允许每年从湘省矿务余利中筹拨三千两以作学堂常年经费。①

1. 开办时务学堂

1897 年 9 月省抚官绅正式议定开堂办学，陈宝箴与黄遵宪、谭嗣同、熊希龄、唐才常、陈三立、徐仁铸、江标等正式开办时务学堂，刊发《湖南时务学堂缘起》，公开揭示办学宗旨为“用可用之士气，开未开之民智”，以达到“强国、保种、攘夷”之目的。陈宝箴满怀信心地预言：“吾湘变，则中国变；吾湘立，则中国存。”认为救中国当从湖南始，表现了湖南人民高度的使命感和自豪感。② 因为湖南“人文极盛，海疆互市，内地之讲求西学者，湘人士实导其先。曾文正督两江，创议资遣学生出洋；左文襄建福建船厂，招子弟习西国语言文字及新奇工艺，以时出洋，宏识远谟，早收明效；曾惠敏崛然继起，遂能力争俄廷，不辱君命。而魏默深《海国图志》之书、郭侍郎使西以还之著作，皆能洞见隐微，先事而发，创开风气，尤为海内所推。盖知彼知己，乃谋国者之急务，然必具朴诚忠勇之质，方备折冲樽俎之用，庶不至沾染洋风，舍己从人，艳彼教而忘根本也”③。湖南“洞庭、衡岳之间，蕴积日深，必有英奇魁杰，继轨前修，出而任匡救之重，以图报国家”④。全省“从前各书院均为成材而设，其于学业始基之士，

---

① 李济琛主编：《戊戌风云录》，北京：金城出版社，2014 年，第 379 页。

② 彭国兴：《时务学堂述评》，《求索》1985 年第 6 期，第 87 页。

③ 汪叔子、张求会编：《陈宝箴集》（中），北京：中华书局，2005 年，第 1237 – 1238 页。

④ 汪叔子、张求会编：《陈宝箴集》（中），北京：中华书局，2005 年，第 1238 页。

无由别辟径途；若于龆龀之年，预储远大之器，必使兼通中外，勿坏厥基，方足以期振兴而求精进”①。

陈宝箴对湘土、湘士情有独钟，他非常崇敬曾国藩、左宗棠、郭嵩焘、魏源等湘省前贤治学、治政、治军的精神和朴诚忠勇的品德，对国家民族前途系心于怀，充满信心，以湘省前贤为师，精心打造湖南新政，颇有“青出于蓝而胜于蓝”之处。他对湘省生员既寄予厚爱，又寄予厚望，谆谆教诲曰：“泰西各学，均有精微，而取彼之长，辅我之短，必收中学为根本。惟所贵者不在务博贪多，而在修身致用”②，又强调“中学为体，西学为用”“学生学习，中西并重”。陈宝箴还亲自主持制定时务学堂招生章程《时务学堂招考示》，详尽地说明和规划了时务学堂的办学宗旨、经费来源及用途、招生人数及招生办法、课程设计、学校选址和学生毕业去向等具体方案。他指出：“本部院为经久起见，并拟于矿务余利及其他款下，逐年酌量提拨定款，以供学堂经费，及将来诸生出洋学习之用。现今核定章程，学生以一百二十名为限，均由各府厅州县学官、绅士查报，汇册考试。惟早一日开学，即早收一日之效。而建造学舍需时颇迟，本年议定暂租衡清试馆开办，延聘中、西学教习，择期开学，一面拓地建堂。拟先行考取六十名入堂肄业，其余六十名，俟下次行文各府厅州县，录送学生来省，再为定期牌示补考，以足其额。当此需材孔亟之际，本部院期盼至殷，诸生体验时事，必能相与奋发，以成本部院区区

① 汪叔子、张求会编：《陈宝箴集》（中），北京：中华书局，2005 年，第 1238 页。

② 汪叔子、张求会编：《陈宝箴集》（中），北京：中华书局，2005 年，第 1239 页。

之至愿。将来各府厅州县官绅士庶闻风兴起，各集捐款，设立学堂、乡塾，为国家造就有用之材，本部院方于湘人士有无穷之望焉。……诸生入学三四年后，中学既明，西文习熟，即由本部院考选数十名，支发川资，或咨送京师大学堂练习专门学问，考取文凭，或咨送外洋各国，分往水师、武备、化学、农学、矿学、商学、制造等学堂肄业，俟确有专长，即分别擢用。其上者宣力国家，进身不止一途；次者亦得派称使馆翻译、随员，及南北洋海军、陆军、船政、制造各局帮办；即有愿由正途出身者，且可作为生监，一体乡试。中国自强之基，诸生自立之道，举莫先于此矣。……所有投考诸生，定于八月廿八日，会同提督学院，在学署内扃试，查照后开章程，听候考试。先期报名，由学堂董事汇册，毋得迟延自误。切切。特示。"[①] 陈宝箴以《时务学堂招考示》为基础还主持制定了《湖南开办时务学堂大概章程》，这两个章程成为时务学堂办学的指导方针。

自时务学堂开办以后，省抚"拟于矿务余利及其他款下，逐年酌量提拨定款，以供学堂经费，及将来诸生出洋学习之用"[②]。但是，仅靠矿务余利款项远远不够，陈宝箴通过规划、预算得知"时务学堂每年经费约需银一万五千两，公款不敷甚巨"[③]。为解决时务学堂经费问题，陈宝箴发动诸绅倡议捐款，前湖北布政使王之春一次捐购书籍银二千两，熊希龄、蒋

---

① 汪叔子、张求会编：《陈宝箴集》（中），北京：中华书局，2005 年，第 1238 – 1240 页。

② 汪叔子、张求会编：《陈宝箴集》（中），北京：中华书局，2005 年，第 1238 页。

③ 清华大学历史系编：《戊戌变法文献资料系日》，上海：上海书店出版社，1998 年，第 644 页。

德钧、刘麟祥等共捐购制造局译书银二千两，张祖同又提议从湘省盐厘中设法筹拨。蒋德钧、熊希龄于1897年夏先后赴南京禀请两江总督刘坤一，将湘省督销局未收的湘省加价盐厘一款项作为时务学堂经费。经再三交涉，刘坤一允准于湘省盐厘款中每年分出七千两作为时务学堂常年经费。稍后，湘抚陈宝箴为时务学堂经费事，又援天津、湖北开办武备学堂动用公款之例，于1898年1月奏请清政府批准："每年于正款项下拨款一万二千两酌充两处常年经费"，"在藩库、粮库、厘金局三处筹措分拨"。[①] 至此，湖南时务学堂的经费才得到基本解决。

开办时务学堂的各项经费到位以后，趁当年乡试之时，陈宝箴署名发布招考示，与其子陈三立亲自参加招考，全省各地应试生员踊跃报名，络绎不绝，盛况空前，至1897年9月24日时务学堂考期前后，"诸生投考者至四千余人"[②]。11月29日，时务学堂正式开学，至于校舍"议定暂租衡清试馆开办"[③]，即"暂租长沙小东街故阁老刘文恪旧邸"[④]。时务学堂的课程有普通学和专门学两种，普通学包括经学诸子学、公理学、中外史志及格算诸学四门，专门学包括公法学、掌故学和格算学三门。公法学又包含内公法与外公法，其中宪法、民律之类为内公法，交涉、公法、约章等为外公法。前六个月学普通学，后六个月增加选学的专门学；教学方法兼采学堂、书院之长，分外课、内课两种。兼学西文者为外课，用学堂之法；

---

① 国家档案局明清档案馆编：《戊戌变法档案史料》，北京：中华书局，1958年，第247页。

② 周秋光：《熊希龄传》，天津：百花文艺出版社，2006年，第83页。

③ 汪叔子、张求会编：《陈宝箴集》（中），北京：中华书局，2005年，第1239页。

④ 彭国兴：《时务学堂述评》，《求索》1985年第6期，第87页。

专习中文不习西文者为内课，用书院之法行之，还鼓励学员参加学术讨论活动。学生所读之书，有涉猎之书和专精之书，学生须先反复专研《春秋公羊传》和《孟子》中的微言大义和民权思想，择取中外政治法律比较参证，真正明了维新变法的旨意。①

时务学堂开办各项准备工作就绪以后，陈宝箴任命熊希龄为时务学堂提督主持行政，尚缺中、西文教习。时务学堂与旧式书院不同，不但要广购中外仪器图籍，而且须设中、西文总教习和分教习，均拟“聘达人以主讲授”，这在当时却颇为一件难事，久“未觅得其人”。及至1897年9月黄遵宪离京赴湘任长宝盐法道，途经南京会商谭嗣同，谓湘省可请梁启超、李维格二君为时务学堂中、西文总教习。尚留任上海的蒋德钧闻讯后，即函学堂发起人王先谦、张祖同、熊希龄称：“《时务报》西文李主笔，中文梁卓如孝廉主笔，天下通儒也。我西教习聘李，中教习聘梁如何？虽程度过高，局面稍阔，必能开风气，造人才，有益于湘。”② 黄遵宪到湘后又向湘抚陈宝箴及学堂发起诸绅特荐梁启超、李维格。湘中官绅闻言，“无不大喜过望，咸云求之不可得也”③。于是陈宝箴采纳湘府诸官绅众议，亲自下聘书，延请梁启超、李维格为时务学堂中、西文总教习，聘请谭嗣同、唐才常、韩文举、叶觉迈、欧榘甲、周大烈、杨守仁、杨自超为中文分教习，王史为西文分教习，许奎垣为数学教习。先行招考六十名学生入学，按府分派，

---

① 汤志钧：《戊戌变法史》，北京：人民出版社，1984年，第273页。

② 李济琛主编：《戊戌风云录》，北京：金城出版社，2014年，第381页。

③ 林赠平、周秋光编：《熊希龄集》（上册），长沙：湖南人民出版社，1985年，第27页。

"择取十二岁至十六岁聪俊朴实子弟入堂肄业"[①]。1897 年 9 月至 1898 年 5 月，时务学堂三次招考学生 203 人，其中备送北洋学生 10 人。

梁启超和韩文举、叶觉迈来到湖南长沙，就任时务学堂总教习和分教习，梁启超亲自拟定了《时务学堂学约》（以下简称《学约》），其内容翔实、丰富，很有见地，长达七千余字的《学约》实际上就是具有近代化特色的教育教学大纲。《学约》提出了立志、养心、治身、读书、穷理、学文、乐群、摄生、经世、传教十大要领。

《学约》指导学子把"经义掌故"和"宪法官制"相结合，把"经义治事"与"西人政治学院"相联系，做到中西结合，学以致用。要求学生钻研其中的"微言大义、民权思想，并择取中外政治、法律比较参证，以期达到明了维新变法之旨意"[②]。勉励学生阅读介绍西方资本主义社会科学学说和自然科学知识的书籍。学生思想稍有进步，教习即加批语予以鼓励，启发学生抨击顽固陈旧的封建世俗，点播变革开新的启蒙思想。[③] 韩文举教习批语指出：当朝臣僚"不明以臣佐君之义"就在于为民效力，而只"甘为奴隶"，"至于国破时，仅以一死塞责后世"，还被列为忠臣，这种"二千年之锢蔽，牢

① 中国史学会主编：《中国近代史资料丛刊第八种：戊戌变法》（第四册），上海：神州国光社，1953 年，第 498 页。

② 伍新福主编：《湖南通史·近代卷》，长沙：湖南人民出版社，2008 年，第 465 页。

③ 伍新福主编：《湖南通史·近代卷》，长沙：湖南人民出版社，2008 年，第 465 页。

不可破”，至今顽固不化。[①] 梁启超批语说：中国“大同之学，无不言民权”，若将六经有关民权之说“编集成书，亦大观也”。[②] 因此，“能兴民权者，断无可亡之理”[③]。时务学堂的教学以“振兴政艺为大宗”[④]，通过教学、讲授和批札，指导学生阅读历代关于治乱兴衰的史籍，参酌资本主义国家的社会学说和自然科学，研究治国的道理，使学生具备变法维新的思想意志，培养了一批新学人才，促进了湖南民众的思想解放和社会思潮的转变。全堂学生有蔡锷、林圭、秦力山、田帮浚、蔡钟浩、蔡钟元、李炳寰、唐才质、唐才中等两百余人，后来都成为推行新政的重要人物，有的成为自立军起义的骨干和兴中会的成员。毛泽东同志早年曾撰文称：“湖南之有学校，应推原戊戌春季的时务学堂。时务以短促的寿命，却养成了若干有为的青年。”当年受教于梁启超的四十名时务学堂的学生，大都成为有抱负的青年，表现了与维新事业共存亡的决心，有的积极支持戊戌变法，有的踊跃参加辛亥革命。

戊戌政变后，唐才常去日本、南洋筹集资金，回上海创建“自立会”，赴汉口组织发动自立军起义。被捕前夕，唐才常得到湖广总督张之洞派兵围捕的消息，但仍不肯转移。跟随他多年的部下李荣盛担心他的生命安全，哭着劝他：“公上有父

---

① 朱有瓛主编：《中国近代学制史料·第一辑》（下册），上海：华东师范大学出版社，1986 年，第 287 页。

② 朱有瓛主编：《中国近代学制史料·第一辑》（下册），上海：华东师范大学出版社，1986 年，第 286 页。

③ 朱有瓛主编：《中国近代学制史料·第一辑》（下册），上海：华东师范大学出版社，1986 年，第 287 页。

④ 社会科学战线编辑部编：《中国近代史研究论丛》，长春：吉林人民出版社，1981 年，第 115 页。

母在，为何不赶快逃走呢?”唐才常回答：“予早已决为国死，汝行可也。”李荣盛说：“公舍生，我岂是怕死之人，亦当不去。”不久，唐才常即被捕。在审讯期间，唐才常历数西太后之罪恶，并说明起义勤王的重要意义。1900年，唐才常与参加自立军起义的林圭、李炳寰、田邦璇、蔡钟浩、傅慈祥等二十八人分别在武昌紫阳湖畔和天符庙英勇就义，时称二十八烈士。①

早在戊戌政变前的当年夏天，唐才常在长沙送别梁启超、韩文举和叶觉迈去上海时，作五言古诗一篇，以述其志：

戊戌八月政变，湖南时务学堂中文教习韩树园、欧云樵、叶湘南三先生离湘归粤赋诗志别。

丈夫重意气，孤剑何雄哉？良宵一灯青，啼匣风雨哀。
不斩仇人头，不饮降王杯。仰视天沉阴，揽衣起徘徊。
民贼与乡愿，颈血污人来。我闻日本侠，义愤干风雷。
幕府权已倾，群藩力亦摧。翻然振新学，金石为之开。
毵毵三杰士，市骨黄金台。回首惆支那，消歇无良材。
庸中或铮佼，狺狺纷疑猜。我辈尊灵魂，四大尘与灰。
生死何足道，殉道思由回。岳岳三君子，蕴德如琼瑰。

---

① 笔者按：关于唐才常等人被杀害的时间和地点，各书所载大相径庭，说法形形色色。唐才质在《唐才常与时务学堂》中认为：“七月二十八日，先长兄与林圭、李炳寰、田邦璇、傅慈祥等二十八人，同就义于武昌天符庙。”亦有《辛亥首义回忆录》曰：“传及林述唐、李炳寰、蔡承煜、王天曙、黎科、瞿河清等七人遇害，是一九〇〇年八月二十一日，地点在武昌天符庙。唐才常遇害是在八月二十二日，地点在武昌大朝街。”至于唐才常就义时间，有八月二十二日、二十三日两说，经笔者考证辨析，认为应该是八月二十三日凌晨就义于武昌紫阳湖畔。此结论确切与否，尚待商榷。

浩然决归志，弃我沟中埃。前席以置词，恨血斑云罍。
欢会不可常，转眄黄发衰。湖山那歌舞，霁雾何昏埋！
吁嗟二三子，奴券惊相催。要当舍身命，众生其永怀。①

全诗揭露了当朝顽固守旧派的凶残面目，展示了自己改革维新、救亡图存的政治抱负，表现出英勇不屈、不怕牺牲的忘我精神。他为湖南的新政事业树立了光辉的榜样。时务学堂中年龄最小的学生蔡锷，后来官至云南都督，成为讨袁护国运动的著名将领。范源濂后来任南京临时政府教育部总长、北京师范大学首任校长，成为著名的教育家和语言文学家。杨树达历任北京师范大学、清华大学、湖南大学教授，后为语言研究所学术委员、学部委员。方鼎英出任黄埔军校代校长兼教育长。李复几是中国第一位物理学博士，为湖南新政事业做出了杰出的贡献。杨树达曾评价道："一千九百年庚子反清之役，民四倒袁之役，皆时务师生合力为之，以一短命之学堂而能有如此事业者，古今罕见也。"② 自立军起义中著名的"庚子六君子"除唐才常是时务学堂教习外，林圭、李炳寰、田邦璇、蔡钟浩、傅慈祥五人都是时务学堂的学生。据《梁启超书牍》记载：时务学堂第一班四十名学生"十余年来，强半死于国事，今存五六人而已"③，这充分显示了时务学堂在湖南乃至全国维新活动中的巨大作用。

---

① 杜迈之、刘泱泱、李龙如辑：《自立会史料集》，长沙：岳麓书社，1983年，第361页。

② 陈晓艳编著：《乱世兴国：寻找失落的儒商道德秘籍》，北京：中国社会出版社，2012年，第81页。

③ 陈谷嘉、邓洪波主编：《中国书院史资料》（下册），杭州：浙江教育出版社，1998年，第2389页。

黄遵宪曾作七绝一首勉怀时务学堂学生李炳寰、蔡艮寅（锷）、唐才质等。诗曰：

谬种千年兔园册，此中埋没几英豪。
国方年少吾将老，青眼高歌望尔曹。①

诗中怀念、称颂了为国捐躯的“庚子六君子”，对时务学堂学子将来维新救国寄托了极高而殷切的期望。

时务学堂的创立，是湖南近代教育的开端，是湖南传统书院制度向近代学堂制度转变的典范，是陈宝箴推行新政最精彩的手笔。它开创了湖南的社会风气，促进了湖南全省各地学校的发展，还刺激了各州府、县开明士绅兴学育才的义举，以至于“半岁间相接踵数十，若岳州、衡州、郴州、武冈、常德、浏阳、黔阳、新化等处”② 皆纷纷改革书院章程，仿照时务学堂章程创办新式学堂。湖南开明士绅多请更改书院章程，改授时务学堂之课，岳州府士绅郭鹏、方傅鸾等将岳州书院课程改为经学、史学、时务、舆地、算学、词章六门；宝庆府武冈主要书院一律改为实学，以至于湖南各州县书院都延请时务学堂代聘教学，有的干脆要求隶属于时务学堂。③ 当时舆论赞誉说，时务学堂的创办实属湘人之幸，在陶冶人伦、兴学育才、转变学风、宣传变法改革、推动湖南新政诸方面成效显著，影响巨深。

---

① 陈谷嘉、邓洪波主编：《中国书院史资料》（下册），杭州：浙江教育出版社，1998 年，第 2202 页。

② 彭国兴：《时务学堂述评》，《求索》1985 年第 6 期，第 89 页。

③ 伍新福主编：《湖南通史·近代卷》，长沙：湖南人民出版社，2008 年，第 471 页。

当代国学大师章士钊目睹时务学堂励精图治、造就人才的学风和气势，由衷地感叹曰："吾年十六耳，伸纸走蛇龙。"他欣然提笔如走龙蛇，一气呵成五言古诗予以赞赏。诗云：

戊戌初变政，湖南日有功。经始时务堂，厥在丁酉冬。
义宁为中丞，元和士所宗。今隽谁举首？岳岳凤凰熊。
榜书食蛤蜊，三君坐斋中。诸生就厅事，管墨争斫砻。
吾年十六耳，伸纸走蛇龙。时见绛袍客，凝意瞰诸童。
蔡生名艮寅，摄影肩相从。与吾校一岁，弱亦将毋同。
炳寰文炳然，气度尤和雍。陈公激赏识，特假词色隆。
时余方病疟，细瘦如秋虫。程令里躯干，乃蹈孙山空。
新会乍入湘，举邦争迎逢。祠堂一夕宴，裘带绝从容。
明年开新黉，总持推巨公。汝南一登唤，万籁鸣诸穹。
吾不入梁门，势迫非由衷。相见七年后，笑语两融融。
继学遣家弟，士戛拗而聪。题名赫然在，再览吾神恫。
尔时数湘政，警保堪追崇。嘉应黄公度，智略郁蟠胸。
会友号南学，房虚递始终。鹿门皮先生，致用经早通。
湘报罗群言，民气何蓬蓬。浏阳两奇杰，一扫浮翳空。
樊易号怪物，何毕成鬼雄。延年不缠足，载笔赅纤洪。
新闻此嚆矢，稚弱讳无庸。爱国自有真，语语明朴忠。
图新世余载，所志昭宋聋。不知中何祟，视天犹梦梦。
既壮倏及老，不阅于我躬。缅怀先觉士，愧憾兼无穷。
善葆此环册，得失非楚弓。天阴偶循诵，可以愈头风。
人事各代谢，吾能明其踪。谁与证吾言，君舅香渠翁。①

① 张寅彭主编：《民国诗话丛编》，上海：上海书店出版社，2002 年，第 500－501 页。

全诗主要描绘了时务学堂生气勃勃的教学情景。其中“义宁为中丞，元和士所宗。今隽谁举首？岳岳凤凰熊”和“时见绛袍者，凝意瞰诸童”，把湘抚陈宝箴、学政江标、主持凤凰人熊希龄等学堂首脑亲临讲学现场写得栩栩如生、活灵活现，凸显了以湘抚陈宝箴为首的维新人士和时务学堂在湖南新政中的显著地位。

2. 创立南学会

继时务学堂之后，南学会接踵而立。当时，德国“割胶”事起，列强瓜分日急，外敌虎视眈眈，皆觊觎湖南铁路和内河航运。英国“欲由金沙江开铁路入云贵，故觊湖南”，“德人更窥南边铁路”，“法人亦有由龙州开铁路过湘到汉之议”。[①] 面临此种危机，国家与民族危在旦夕。

湖南维新派官员和士绅“思保湖南之独立”，使“南支那”可以不亡，从而“联群通力，发愤自强”，[②] 于 1897 年冬开始筹议创立南学会。南学会由谭嗣同、唐才常发起，江标、徐仁铸和黄遵宪参与策划，得到陈宝箴、陈三立父子大力支持。当时帝国主义侵略势力窥伺湖南的企图，激发了湖南人民的反帝排外情绪。1897 年 3 月，长沙人民集会反对德国侵略者谔尔福进城的斗争，把湖南人民反帝情绪推向高潮。南学会就是在“胶澳事起，湖南民仇洋益甚”的情势下，为挽救中国被瓜分的危机而创立的。[③] 命名南学会，意在联络湘粤维新

---

① 卢智：《戊戌维新时期的南学会》，《求索》1987 年第 2 期，第 115 页。

② 傅金铎、张连月主编：《中国政党：中国社会团概论》，北京：华文出版社，2002 年，第 24 页。

③ 卢智：《戊戌维新时期的南学会》，《求索》1987 年第 2 期，第 115 页。

志士，“益以缔固湘粤之气”①，使湘粤两省瓜分之祸可免。梁启超认为“湖南之士可用，广东之商可用”②。“今日救中国，下手功夫在通湘粤为一气；欲通湘粤为一气，在以湘之才，用粤之财。”③ 以湘粤为中心实行变法，方可防止外患，达到地区自立自保的目的。这也是湖南维新派官绅宣传新学、讲求内治、广开民智、号召官绅发愤自强、推行新政的政治学术团体。

南学会会址设在省城长沙孝廉堂，由陈宝箴拨给学会开办经费，“谭嗣同、熊希龄、唐才常、黄遵宪积极从事建会工作。制定学会章程，规划讲学活动，梁启超参与计议，撰写《南学会序》。学会延请经今文学者皮锡瑞为学长，黄膺和戴德诚为佐办，成立办事机构，列入南学会会籍前三名的是主会者陈宝箴、黄遵宪和主讲者皮锡瑞”④。南学会制定了三个章程：《南学会大概章程十二条》《南学会总会章程二十八条》《南学会入会章程十二条》。三个章程的主要内容有如下方面：

一、南学会宣布的宗旨是“专以开浚知识，恢张能力，拓充公益为主义”。稍后增补的《入会章程》说：“本会以同心合力振兴中国为务。”表明南学会是联合众力、广开知识、发展地方公共事业振兴中国的政治学术团体，会章规定入会会

---

① （清）谭嗣同撰，何执编：《谭嗣同集》，长沙：岳麓书社，2012 年，第 407 页。

② （清）梁启超：《湖南广东情形》，《梁启超全集》，北京：北京出版社，1999 年，第 242 页。

③ 朱有瓛主编：《中国近代学制史料·第一辑》（下册），上海：华东师范大学出版社，1986 年，第 272 页。

④ 卢智：《戊戌维新时期的南学会》，《求索》1987 年第 2 期，第 115 页。

友“无论官绅士庶，一切平等，略贵贱之分，即以通上下之气，去壅阂之习”，体现了这个团体的“平等”“合群”精神和资产阶级的民主倾向。

二、南学会“为官绅公有之权”，是官绅合办的学会。省城建立的南学会为总会，“各府、厅、州、县续立之学会皆为分会”，“凡农工商矿医、武备、水师、女学各学会、学堂皆须联合于分会，受成于总会”，“凡分会之董理绅士皆应先入总会会籍”，“各处所设学堂均须由会绅经理，一气贯输”，这样，南学会成了自上而下指导全省各地，各种学会、学堂的中心，可以“联全省为一气，合万众为一心”。

三、南学会会友有三种：（一）议事会友，“凡会中事务章程均由议事会友议定”。议事会友由南学会创办人充任，“俟规模大定，再于诸会友随时公举”，这是南学会的决策人员。（二）讲论会友，这是南学会担任讲学的人员。（三）通讯会友，这是外地士绅等函询新学、新政，学会解答疑义所联系的社会成员。

四、南学会议定统一的办学章程和学规教则，讲仪以及书器之目、图表之式，通行各地，做到“整齐划一”，……俟广兴学会后，南学会“派人巡行各处，考察教法是否有益，诱掖奖劝”，进行指导。一方面视察政俗民情，一方面访求人才。

五、南学会协助各学会、学堂开展工作，如代聘教师，为会友提供学习和专题研究资料，解答疑难。南学会鼓励会友精研政艺，“如有著为论说，或创造图器有益民生者”，其论说则由学会刊行，其图器则给予专凭，会友德行道义卓越者，学会发给品学凭单，经抚学两院考核“以备咨送总理衙门及大学堂，并应特科岁举之选”。

六、南学会提倡改革，讲求内治。章程称："将来智慧日开，如通民隐，兴民业、卫民生诸事皆可渐次推行。""各会友于地方风俗利病，兵马钱粮厘金矿务法律刑狱等事，如有考查确凿有裨治理者"，可提出兴革方案，经过总会禀请抚院核夺，批准施行。

七、会章规定："凡入会者，应由会友三人切实出保，由会中公议，允者过半方准入会。"会友酌捐银或图书器物。①

从《南学会大概章程十二条》可窥见学会主义、组织结构和活动方式，现将其条例内容照录如下：

一、本学会专以开浚知识，恢张能力，拓充公益为主义。凡旧日所有拘墟之习、骑墙之见，入此会者，务宜屏除。

二、本学会会友，不拘何乡之人，皆可充当，其别有三：一曰议事会友，皆以品学兼著、名望孚洽者充之。凡会中事务章程，均由议事会友议定，交会中坐办人承办。一曰讲论会友，定期集讲，随时问难。一曰通信会友，远道寄函，随时酬答。

三、议事会友现以创议诸人为之，俟规模大定，再于诸会友中随时公举。

四、讲论会友，拟公举学问深邃长于辩说者，请其讲论。讲期每月四次，遇房虚昴星之日，即为讲论之期。其余诸友，可于开会之日齐集会讲，其有疑义新理，可以纸笔互相问难。

五、本学会无论官绅士庶，既登会籍，俱作为会友，一切

① 卢智：《戊戌维新时期的南学会》，《求索》1987 年第 2 期，第 116－117 页。

平等。略贵贱之分，即以通上下之气，去壅阂之习。凡入会者务知此意。

六、入本学会者可任意捐资若干，为会中广购图籍扩充经费之用，或愿捐新旧各种书籍即可。

七、本学会学术不立专门，如有融贯中西、浚明心力，著为论说或创造图器有益民生者，其论说则由本学会先刊行世，其图器则仿西国文凭之例，给予专凭，俾相授受。

八、通信会友，凡居址远者，来否会讲，听其自便；至外府外省，尤可彼此函商，或自将所学演论成帙邮寄会中，互相考验，亦择其佳者选刊行世。

九、会中现设坐办人二员，每月酌给薪水。

十、会外人遇开讲之日亦可前来听讲，但须先期躬至坐办处挂号，领取凭单方准入座听讲（凭单分为两种：一为长年听讲之凭单；一为一次听讲之凭单）。

十一、本学会设藏书楼一区，广庋图书，会友平时欲观图籍，可携笔砚亲赴书楼抄写，其所阅图籍不得携去，以防遗失。

十二、中国举事，素患议论多，而成功少，故会中章程以极少为主，宁俟不足而增补之，毋使徒滋议论。其余讲学、阅书章程，另有专条。①

该章程规定南学会"专以开浚知识，恢张能力，拓充公益为主义"；规定组织形式由巡抚在省内遴选十位有声望、有

① 政协长沙市委员会文史资料研究委员会、政协浏阳县委员会文史资料研究委员会、谭嗣同纪念馆合编：《谭嗣同研究资料汇编》（内部刊物），1988年，第253－254页。

影响力的代表充任会长，由会长延聘主持学会的学长并引荐会员，颇似近代议会组阁的程序；还规定了活动方式主要是讲论会，每月四次，“遇房虚昴星之日，即为讲论之期”。讲论内容分为四科：皮锡瑞主讲学术，黄遵宪主讲政教，谭嗣同主讲天文，邹代钧主讲舆地。一人主讲，众人听记，听众可向主讲提问、交流，研讨疑难，类似现在的学术研讨会。

南学会是湖南官员和维新派共同创立的学会组织，主要任务是振兴新学、育新人才、促进改革变法，是得到官方支持的推广新学教育、推动维新事业发展的机构，它既是唤起民众救亡图存的政治组织，又是联络绅员讲求地方自治的政治学术团体，成为湖南“全省新政之命脉”。

南学会的主要活动方式是开会讲演，自 1898 年 2 月 21 日正式开讲。第一场，2 月 21 日，由皮锡瑞主讲《论立学会讲学宗旨》，黄遵宪主讲《论政体公私必自任其事》，谭嗣同主讲《论中国情形危急》，乔树枏主讲《论公利私利之分》，陈宝箴主讲《论为学必先立志》；第二场，2 月 27 日，由皮锡瑞主讲《论讲学之益》，谭嗣同主讲《论今日学西皆中国古学派所有》，邹代钧主讲《论舆地经纬度之理》，黄遵宪继讲《论政体公私必自任其事》；第三场，3 月 6 日，由皮锡瑞主讲《论朱陆异同归于分别义利》；第四场，3 月 13 日，由皮锡瑞主讲《论学者不可诟病道学》，欧阳中鹄主讲《论辨义利始自有耻》；第五场，3 月 20 日，由皮锡瑞主讲《论交涉公理》，谭嗣同主讲《论学者不当骄人》，李维格主讲《论译书宜除四病》；第六场，3 月 27 日，由皮锡瑞主讲《论保种保教均必先开民智》；第七场，4 月 3 日，由皮锡瑞主讲《申辨孔门四科之旨》，陈宝箴主讲《论不必攻耶教兼及周汉事》；第八场，4 月 10 日，由皮锡瑞主讲《论孔子创教有改制之事》，谭嗣同主讲《论全体学》；第九至十二场，由皮锡瑞分别于4月24日、5月1日、5月15日、5月24日主讲《论不变者道，必变者法》《论胜朝昭代之兴亡原因》《论变法为天地之气运使然》《论洋人来华通商传教当暗求抵拒之法》；第十三场，由曾广钧主讲《论开矿当不惜工本》。此外，还有熊希龄、徐仁铸、戴德成、杨自超也曾来南学会讲学。南学会自2月21日至6月18日，共计讲学十三场，四十五人次。主讲人有陈宝箴、皮锡瑞、黄遵宪、谭嗣同、熊希龄、李维格、戴德成、曾广钧、邹代钧、乔树枏、杨自超、欧阳中鹄、徐仁铸共十三人。

1898年2月21日，南学会举行成立庆典大会，省抚陈宝箴亲临会场，致开讲词。皮锡瑞、黄遵宪、谭嗣同、乔树枏等的讲论都以变法维新为主要内容，充分体现了学术讨论自由、民主精神和师生互动共同研讨的活跃气氛。

《湘报》第1号《开讲盛仪》云：

本年湘士大夫创设南学会，假孝廉堂为会所，每月以房虚星、昴之日为讲期。二月初一日为南学会开讲第一期，陈大中丞、徐学使、黄廉访咸会，官绅士民集者三百余人。堂上设讲座，下排横桌，听讲者环坐焉。初会时，舄履交错，士大夫周旋问答，言笑晏晏，在所不免。钟十二下，主讲诸公就坐，会者毕坐。堂上铃声作，执事者唱："毋哗!"咸屏息敬听。首皮鹿门学长开讲，继之者黄廉访、乔茂萱比部、谭复生观察，最后陈大中丞宣讲。讲毕，堂上铃声作，众皆起，鱼贯趋出。于是士大夫啧啧称美，以为贤，长官用平等之仪，讲会学之旨，情比于家人，义笃于师友。此事为生平所未见，不图今日见三代盛仪也。闻湘省之风者，可以兴起矣。讲义列后。[1]

南学会开讲庆典的消息不翼而飞，远在天津的严复也在他所主编的维新派报纸《国闻报》上刊发了湖南南学会成立开讲庆典的新闻。在这次讲论会上，省抚陈宝箴做了精彩的演讲，《湘报》第1号首页全文刊登了这一演讲内容，他演讲的题目是“论为学必先立志”：

论为学必先立志[2]

今日官绅倡设学会，诸君子来与斯会者，必皆有志于学者也。古三代时，自士农工商至于妇人女子，莫不有学。逮至春秋、战国，古制渐湮，民愚而世乱，故孟子曰：“上无礼，下无学，贼民，兴丧无日矣。”孔、孟以救世之心，行教学之事，弟子三千人，后车数十乘，聚于一堂之上，相与讲习讨论，以补学校之阙。《论语》首先言学，继之以“有朋自远方来”，盖不学则无以开智慧、明义理，独学无友则孤陋寡闻。今日学会之设，意盖本此。

顾为学必先立志，天下事有志而不成，未有无志而能成者。志何以立？必先有耻。孟子曰：“不耻不若人，何若人有?”就一身论，耻为小人，则必志在君子；耻为庸人，则必志在圣贤豪杰。就天下国家论，耻其君不如尧、舜、汤、文，其国不如唐、虞、商、周，则必志在禹、皋、伊、旦。“知耻

① 据《湘报》第1号（光绪二十四年二月十五日出版），此仍旧题。见汪叔子、张求会编：《陈宝箴集》（下），北京：中华书局，2005年，第1934－1935页。

② 转引自汪叔子、张求会编：《陈宝箴集》（下），北京：中华书局，2005年，第1930－1932页。

近乎勇”，即立志之谓。然非仅空言有志而已，非学不足以副其志。

志有大小、邪正之辨，公私、义利之分，而学即因之。孔子曰：“古之学者为己，今之学者为人。”程子曰：“古之仕者为人，今之仕者为己。”故为学真为己，而后仕能为人；否则，自其为学时，即存一务外欺人、苟窃禄位之心，出而仕宦，亦无非自私自利，安望其济人利物、忧国忘家乎？学问之道无穷，其始必先辨志。志在一家，则躬耕服贾以养其父母、庇其妻孥，为一家不可少之人。志在天下世治，则致君泽民、立制兴化，世乱则削平寇难、抚定四海，为天下不可少之人。若夫言行可永为师法，制作可垂为楷模，立德、立功、立言皆足不朽，则万世不可少之人也。

有此志，即当讲此学。今且不论古人，即如湖南曾文正、胡文忠、左文襄、罗忠节诸公，其初亦庠序中秀才耳，因有范文正以天下为己任之志，自其为学时，即不同流俗。文正公为翰林，其时方尚考据、词章，始亦随众为之，及见唐悫慎公讲明体用之学，乃翻然改图。胡文忠壮岁折节读书，军中病困，犹日令人讲《四子书》，辑《读史兵略》，以资考镜。左文襄讲求经济，手绘舆地图，至十数易稿。罗忠节讲义理学，躬行实践，率其弟子出戡祸乱，功在天下。此皆乡先生之可师可法，足以感发志气者。

今日在高位者，不独湖南无此等人，即中国亦尚未闻有此等人。坐视四邻交侵，浸以削弱，应付皆穷，屡至丧师辱国，以天下数万里之大、四万万之众，不得与欧洲诸国比，岂非吾辈之大耻乎？虽然，当耻我不如人，不当嫉人胜我。今湘人见游历洋人，则群起噪逐之，抛掷瓦石殴辱之，甚欲戕其人而火其居。不思我政教不如彼，人材不如彼，富强不如彼，令行禁止不如彼，不能与彼争胜于疆场之间，而欺一二旅人于堂室之内，变故既起，徒以上贻君父之忧，下为地方之祸，不更可耻之甚哉！

夫善战者，师敌之长以制之。今且不较彼己之长短，不论彼之所以得，而先明我之所以失。盖中国自康、乾以来，承平日久，士大夫不务为实学，徒以虚美相高，竞尚考据、词章之习，争新斗巧，以博虚誉。下焉者又为八比、试律、小楷、卷折所困，不知天壤间更有何事，更有何学。即有讲义理者，又或徒骛道学之名，其矫情饰貌以欺世者，固无论矣；即研穷心性、辨晰毫芒，亦徒口头语耳，求其实能明体以达用者，千百中无一二焉。

习俗移人，贤者不免。人材消乏，以驯至于今日之中国。学之不讲，其害必中于家国天下。孔子曰："是吾忧也。"岂不信哉！岂不伤哉！今幸朝廷振兴学术，诏开经济特科，以期造就人材，共为济时之彦。诸君既有志于学，正宜于及时自奋，与同志诸人共相讲习，切磋琢磨，捐弃故技，以求振国匡时、济世安人之要道，使湖南间气所钟，英贤辈出，不让咸、同盛时，乃真为知耻有志之士矣。

抑更有说者，学之一字，乃四民公共之事，所以开民智也。大小、邪正，视其所志，学成而用之亦然。故同此一智，在君子，则为德慧术智；在小人，则为机械变诈。公私义利之间而已。谚云："兵、贼同一刀。"为贼、为兵，非刃之咎也。为君子、为小人，非学之咎也。故运用在乎心，实存乎志，立志自知耻始，为学在正志始。

使者少而失学，只此老生常谈，请为学会诸君立鹄焉，即谓为使者开宗明义第一篇也可。

陈宝箴在南学会的首次演讲，切中时弊。他力倡“立志自知耻始，为学在正志始”，严厉批判了那些不务实学、脱离实际的虚浮学风，对那些“争新斗巧，以博虚誉”的纨绔之流和“徒骛道学之名”“矫情饰貌以欺世”的腐儒之辈，进行了无情的鞭挞；痛斥那些不与列强争战疆场而专事攻击洋人、洋教的可耻行径；极力推崇虽属凤毛麟角却有真才实学、精明强干的“知耻有志之士”。

1898 年 4 月 3 日南学会第七次开讲，陈宝箴亲临会场做了第二次演讲，主题是“论不必攻耶教兼及周汉事”。他联系实际讲析了湖南新政所遇到的问题，重点剖析了震惊中外的“周汉辱教”事件。《湘报》第 31 号第 121 – 122 页亦全文刊登了此次演讲内容。

论不必攻耶教兼及周汉事[①]

自开辟以来，地球之上，惟孔子之教至为广大中正。此外各教皆有偏驳不纯之处，然奉其教者皆尊崇之以为圣人，无论后世之佛、老，外国之天主、耶稣，即周之杨、墨亦然。孔门推孔子为贤于尧、舜，为生民未有，而汉初贾生尚以仲尼、墨翟之贤并称，东方朔言“西方有圣人，其名曰佛”。盖各推其师承所自出类拔萃者以为圣人，如凤皇之于飞鸟，麒麟之于走兽。古今人物，莫不皆然。在我可有教无类，在人不能强同也。

孔子之教，自为至中至正，而后世之真能效法以传其教

① 转引自汪叔子、张求会编：《陈宝箴集》（下），北京：中华书局，2005 年，第 1935 – 1939 页。

者，复有几人？韩退之曰：“孔子之道大而能博，门弟子不能遍观而尽识也。故学焉而各得其性之所近，原远而末益分。”孟子亦只言：“宰我、子贡，智足以知圣人。”在当时，及门弟子且然，然则所传述圣人之一体者，特子夏之儒耳。就以儒论，今之服儒服、冠儒冠而能行儒行者几人？

至我辈，习帖括制艺以弋科名，日以《四书》《五经》占题为文，号为“代圣贤立言”。究之文成，而于圣贤之言、之旨仍茫然不知所谓，而吾文则穷神知化治国平天下之理，言之侈然若果可据，实则何有于我耶？孟子谓：“能言距杨、墨者，圣人之徒。”今我于圣人之徒所以为教者，一无所得，不能自奉吾教，而徒责人之不同吾教，甚且自背吾教以改人之教。以贻家国天下之祸。如近日周汉之所为者，岂不悖哉！此事上系国家安危，下关地方祸福，不得不为诸君一伸此义。

周汉自号“周孔徒”，于光绪十七八年刊刻书词揭帖，痛诋天主、耶稣教，以挖眼剖心之事詈天主教为“天猪叫”。其词既鄙俚不堪，又绘为图画，坐猪精于上，诸人剖心挖眼于下。遍传各省，流入欧洲诸国。欧洲之人见之，既皆切齿愤恨，又以其图说登报，注云：“闻今日中国为半有教化之国，周汉为中国之道员，其识见之鄙陋一至于此，何况其他远近数万里？”传为绝大耻辱、绝大怪事，无不愤且笑者，即黄廉访顷言在美国所亲见而忸怩者是也。辱国甚矣！

然“挖眼剖心”之谣，同治间天津实以此肇兴大狱，曾哄杀教士多人，并戕及洋官，势将开衅用兵。其时曾文正公为直隶总督，奉旨往办此案，人皆谓必能证明其罪，大张挞伐。文正公始因人言藉藉，亦不敢决言其无。继而反复熟思，语幕友云：“泰西立国千数百年，即奉天主、耶稣之教。其伎巧及所用照相等药水，相传已久，若果采生配药，其时未通中国，必从本国及海外各国挖眼剖心，始得有之。西人心思极灵，其爱父母、子女亦与吾同，岂能听其所为，至于今日尚皆信奉其教之理?”然不遽昌言于众也。

比至天津，官绅士民万口同声，皆若目睹其事。文正公访查津城内外，并无控告遗失小孩之案，乃出示招告，久之寂然，亦无一人以“挖眼剖心”赴诉者。乃从府监提所获之王三，虚衷研鞫，供与天津府所讯无异，人皆谓此狱定矣。公终疑之。问其所挖剖之小儿尸藏何所，乃供称某处某处，公即委员偕府县亲往掘验，凡掘数处，皆绝无骸骨。越数日，又指一处，果掘有席裹小儿，验之，则瘗埋未久，面目身体悉具，并无挖剖痕迹。公与道府复研鞫之，则惟有痛哭呼冤而已。

公乃信洋人之于此案无端被诬，横遭焚杀之惨。中国官吏草率断狱，久成习惯，往往不穷极其所以然，且于此案又早有成见，更不虑有屈抑。平日懦弱百姓，纵受冤屈，或无奈何；今则俨然数大敌国，岂肯甘心诬枉？若复拒之以兵，彼师直为壮，祸患何已？遂毅然不恤人言，据实陈奏，力任惩犯赔款、加罪府县，以寝其事。而国门内外，遍及各省，士大夫无不非议诋毁者，公自以大臣不当以口舌汲汲自明，但云“外惭清议，内疚神明”而已。

当将定此谳时，鄙人适北行入都，道过保定，初亦随众訾议，欲诣公面诤。嗣晤公幕府，方存之诸君具道本末，始憬然大悟。比入都，则众论哗然，湘人尤甚。间以其实语人，无听信者，大惑不解。遂至各省屡酿教案，实按之，悉无证验，久之，亦渐知有谣言之无端者。

光绪十七八年，周汉之谣帖、书画遍传各省，时值湖北武穴、宜昌及芜湖、镇江等处，杀教士、毁教堂，巨案迭出。朝议以教案之起，皆由造言生事者煽惑人心，且多出自湖南。德国公使又持周汉（一名周孔徒）所刊布者执以为言，总署遂咨督帅张公指拿究办，奏委湖北粮道恽前升道来湘查讯。据周汉家属供称“周汉素患心疾，迹近疯狂，且远出未归”等语，遂将刻字书店封闭二家，缴毁刊板，据情禀复。督帅遂缘以复奏，声明“查传到籍管束，不准潜来省城，妄为滋事，倘疯迷益甚，滋生事端，即据实奏明严惩”等因在案。

去冬，山东因教案起衅，德国派兵占据胶州海口，各国兵船群集，正大局存亡危急之秋。我皇上宵旰忧劳，迭降谕旨，饬各省督抚严饬地方官保护教堂、教士及游历洋人，冀勿再启衅端。凡属臣民，具有天良，宜如何互相劝戒，以期息事安人、共保危局，乃周汉复于此时刊布揭帖，劝人“将耶稣妖巢焚烧”，并有“违令者合门屠之”之语。似此显违谕旨，激动祸机，惟恐召乱不速。苟有人心，何肯出此？

鄙人忝任封圻，不能为朝廷分忧，又岂可任听我省狂徒为国家速祸？遂函传提到省，暂交候审所看守，随时察看。而周汉狂性大发，除毁碎器物外，辄将该所委员扭殴入房关闭，声言：“与之同死，万古流芳。”复令长沙县前往开导，更觉语言怪妄，有“索妓女四名、银三万两”等语，无可理喻。乃照疯病例，付司狱监禁。

查周汉向来与此次揭帖，俱托忠义为名，以死自誓，并自撰挽联，谓：“与文文山、杨椒山两公同垂不朽。”试问：无端造谣，徒为国家召无穷之祸，以上贻君父之忧，下贻地方之害，不忠不义，莫此为甚。况恽道台来湘查讯，周汉既即逃匿。此次收监，复向长沙县诉说，欲图狡免，不承其前此自撰挽联。并因传送谣帖之汤某为鄂所获，致书湖北抚院，为之解免，具言：“书帖皆汉刊发，汉即造言生事之人，与汤无涉，如以为不应，即亲自投案，以七尺躯报尧、舜、禹、汤、文、武、周公、孔子于地下，不独令汤某一人流芳万古也。”此函至今尚存督署，当钞行湖南。时人皆壮之。乃委员至，而即已逃匿。

此次委员会同宁乡县亲至其家，周汉从揭帖堆中，手取数纸与之，云：“此皆我自撰自刻，不累他人。”且揭帖末句有“吾口闭矣，周孔徒遗嘱”等句。讵意甫入囹圄，即首尾两端，所作挽联甘撇脑后，不特为文山、椒山两先生所齿冷，即世之服其忠义抑或悯其愚忠者，至此亦皆为齿冷矣。故凡中无所有而妄称扶世教，辟杨、墨，自负为孔子之徒者，非诓骗即疯魔耳。而讵知前者唱于、后者唱喁，流极至于今日，竟可以一哄而祸及家国天下乎？噫，洵可痛也！

故吾辈居今之时，但当尽其在我，慎勿苛以责人，出主入奴之见横亘于中，执而不化，必至裂眦攘臂，操戈矛以从事。孟子曰：“夫水激而行之，可使在山。”水激且然，况人国乎？吾上年告示有云：“愿吾民视外国行教之人如向来僧道，视外国游历之人如远乡过客，各安本分，共享升平。”今亦愿学会诸君深味斯言，以告夫未闻斯言者。内讧不作，则外侮不来，和气流行，则患气消息，而湖南永为乐土矣。夫非使者所冀幸乎？

陈宝箴在南学会的第二次演讲，讲述了湖南新政遇到的问题和“周汉辱教”事件，阐明了自己的宗教观点和“有教无类”的学术文化思想，教诲臣民应尊重西人信仰，善待外来教士游人，做大清礼仪之邦士民。

陈宝箴两次亲临南学会演讲，目的就是要为湖南新政培养栋梁之材。他特别强调“有耻立志”四字，指出中国面临虎啸鲸吞“坐视四邻交侵”，“屡至丧师辱国”，中国“以天下数万里之大、四万万之众”，不能与欧洲诸国较量，实属奇耻大辱。“当耻我不如人，不当嫉人胜我”，应该承认、思考“我政教不如彼，人材不如彼，富强不如彼，令行禁止不如彼”的现状和原因，既不能与列强“争胜于疆场”，又为何不“师敌之长以制之”呢？当前“振兴学术，诏开经济特科，以期造就人材”，共同济时救国，“诸君既有志于学，正宜于及时自奋”，与学会诸友“共相讲习，切磋琢磨”，“以求振国匡时、济世安人之要道”，使湖南“间气所钟，英贤辈出”。今日“官绅倡设学会……必皆有志于学”，“不学则无以开智慧、明义理”；而“为学必先立志，天下事有有志而不成，未有无志而能成者”，立志又“自知耻始，为学在正志始”。从而激励国民士绅知耻立志为学，奋起御侮自强；鼓励会友切实研究时政学问，既要具备“德慧术智”，也要摒弃“机械变诈”，培养大批“知耻有志之士”，“学成而用之”，以“开民智”，“振国是、作志气、同风俗”。到会听讲的官绅士民“集者三百余人”，无不“屏息敬听”，“啧啧称羡，以为贤”，誉称陈宝箴用平等仪态讲学会宗旨，“情比于家人，义笃于师友”，如“三代盛仪”，“生平所未见”，众谓“湘省之风者，可以兴起矣”。①

皮锡瑞在讲学时说：“今中国微弱，四夷交侵，时事岌岌可危”，“今开之立南学会，愿与诸公讲明大义，共求切磋之益”，以变法维新“开民智，求人材为急务”。② 因此“古今事

① 汪叔子、张求会编：《陈宝箴集》（下），北京：中华书局，2005 年，第 1930－1932、1934－1939 页。

② （清）皮锡瑞：《论立学会讲学宗旨》，伍新福主编：《湖南通史·近代卷》，长沙：湖南人民出版社，2008 年，第 480 页。

变，中外形势，亦须讲明切究，方为有体有用之学”[①]，对乾嘉学派脱离实际无补时艰的愚妄学风进行了诋斥。谭嗣同也说：南学会是“今日救亡保命，至急不可缓之上策”，应将各府州县“所有之书院概改为学堂、学会，一面造就人材，一面联合众力，官民上下，通为一气，相维相系，协力会谋，则内患可以泯”，民众“可以安矣”。[②] 号召官绅“激发保教爱国之热心，养成地方自治之气力”[③]。

南学会还宣讲了康有为的“孔子改制”学说，主张“西学苟可采用，不必过分畛域”[④]，希图借孔教名义“托古改制”，“翻然一变”，达到“易贫弱为富强”的目的。[⑤] 南学会除讲演外还设有答问，对当时湖南应兴应革之事、已设未设之局常加磋商；对有关请设“课吏堂”、禁止缠足、整顿公司、练兵、器械等事及自然科学问题，都做了肯定明确的解答。南学会制定学规、定期讲演、质疑答问、置备图书，成为湖南“开办学会之起点”。[⑥]

---

① 汤志钧编：《近代中国史料丛刊续编第三十二辑·戊戌变法人物传稿》，台北：文海出版社，1966年，第257页。

② （清）谭嗣同：《论全体学》，《谭嗣同集》，长沙：岳麓书社，2012年，第444页。

③ 伍新福主编：《湖南通史·近代卷》，长沙：湖南人民出版社，2008年，第480页。

④ （清）皮锡瑞：《论讲学之益》，伍新福主编：《湖南通史·近代卷》，长沙：湖南人民出版社，2008年，第480页。

⑤ 伍新福主编：《湖南通史·近代卷》，长沙：湖南人民出版社，2008年，第480页。

⑥ 伍新福主编：《湖南通史·近代卷》，长沙：湖南人民出版社，2008年，第480－481页。

二、推行新学，促进教育体制的改革

湖南学堂学会渐次兴立，全省学风日益兴浓。如何培植贤良士子、造就维新人才，便成为陈宝箴最为关切的事。他接受樊锥的建议："开功名之路"，奏准"求才必自变科举始"，"妥议科举新章"，改革科举制度，改变"考试诗赋、小楷之法"，以"觇实学而防流弊"，"造就通籍以后之人才"。否则，"虽有博通之士，仍然见遗，与变法之本意尚未相符"，也无以"救迂陋无用之弊"。他揭示科举制度"流失相沿"，"主司不善奉行，士林习为庸陋，不能佐国家经时济变之用"，八股文体也"为人所诟病"，必须"断然罢去"，方可"振动天下之耳目，激发天下之才智"。他主张广开才路，"求才不厌其多门"，乡试会试岁科"一律改试策论"，破除旧习，任用通达时务之人。这样则可"先取博学"，"于博学中求通才"，"于通才中求纯正"之士。此种办法能使"卷数愈少，校阅亦易，寒士无候榜久羁之苦，誊录无卷多谬妄之弊，主司无竭蹶草率之虞"，真可谓"一举三善，人才必多"。他激烈地抨击与维新思潮背道而驰的科举制度和八股文体，揭露其弊端甚多，令人"损志气，耗目力，废学问"，使人"士气销磨，光阴虚掷"，而且"贵显限于一途"，也"不能使贤才必出其中"；[①] 况且"以八股取士，以年劳累官，务困智名勇功之士，不能尽其学"，又使"一职而有数人，一人而兼数职……不能

---

① 汪叔子、张求会编：《陈宝箴集》（下），北京：中华书局，2005 年，第 763 – 770 页。

尽其才”。[1] 因此他提倡应试、应职士人应以“讲求实学、实政为主”，“汲汲讲求强国御侮之方”，以治学、“任官修政”为“急务”，这样才“不致以雕虫小技困之于老死”。[2] 若用“如此办法”，那么“所得名臣不更多乎？”[3] 其实，立会兴学培植贤良，只要“博之以经济，约之以道德，学堂有登进之路，科目无无用之人，时务无悖道之患，似乎切实可行，流弊亦少。此举为造就人才之枢纽”[4]。陈宝箴还号召全省官绅、学士彻底清除康乾以来那种“不务为实学，徒以虚美相高”[5]的科场陋习，摒弃那些不问国家兴亡，只顾高谈阔论的矜夸学风，而“专以提倡实学，唤起士论”[6]，以“摩激其势力，鼓励其忠愤”，使在学诸生“厚其中学之根柢，养成其爱国之热心”。[7] 从而促进湖南“风气同时并开，民智同时并启，人才同时并成”，其势如“万毫齐力，万马齐鸣”，似“决渠开流，

---

① 童秉国选编：《戊戌政变记》，《梁启超作品精选》，武汉：长江文艺出版社，2005 年，第 127 页。

② 汪叔子、张求会编：《陈宝箴集》（上），北京：中华书局，2003 年，第 769 页。

③ 汪叔子、张求会编：《陈宝箴集》（上），北京：中华书局，2003 年，第 770 页。

④ 汪叔子、张求会编：《陈宝箴集》（上），北京：中华书局，2003 年，第 770 页。

⑤ 汪叔子、张求会编：《陈宝箴集》（下），北京：中华书局，2005 年，第 1932 页。

⑥ 周谷城：《中国通史》（下册），上海：开明书店，1939 年，第 375 页。

⑦ （清）梁启超：《梁启超全集》（第一册），北京：北京出版社，1999 年，第 243、244 页。

纵鹰使奋”①，三年之间，全省“议论悉变”②。

南学会与时务学堂相表里，又与《湘报》相应和，历时虽数月，影响甚深远。各地绅员有的来省会听讲，有的函询疑难、商榷新政，各府、州、县陆续施行新政，都是南学会的提挈之功。正如浏阳县令黎筑云牌示：“值此风云更新之会，何敢拘守常格，使多士怀才莫展?”尤其是南学会各种试题如《中学尊古西学尊今说》《立学会开民智以卫国保教说》《改并书院课实学时务议》等，与科举制艺迥然不同，如果不熟悉时务，就无从立论。这就迫使本来视科举考试为入仕之门的封建文人不得不迎合“时尚”，熟识学会。由此窥斑见豹，南学会对湖南新政的推行、思想的解放、社会风气的转变起了推动作用。③

南学会风起云涌，各府、州、县分会纷起，颇著声名的有不缠足会、延年会、湘学会、学战会、积益学会、公法学会、法律学会、群萌学会、任学会、舆算学会、致用学会、明达学会等。这些学会希望“联通群力，振兴新学”，有的还自请作为南学分会，如浏阳、巴陵、沅州改设南学分会与总会相“维系”，“以归划一”；衡州府、岳州府请准推广南学会；宝庆府请准变通书院仿立南学会；不少“州县学署开讲章程，仿照南学会”，“南学会为总会，各府州县为分会，不必另立名目”，“凡教官必入南学会”。④ 足见南学会在扩展学会、推

① 汤志钧：《戊戌变法人物传稿》（增订本上册），北京：中华书局，1980年，第485页。

② （清）梁启超：《梁启超全集》（第一册），北京：北京出版社，1999年，第177页。

③ 汤志钧：《戊戌变法史》，北京：人民出版社，1984年，第285－286页。

④ 汤志钧：《戊戌变法史》，北京：人民出版社，1984年，第286页。

广新学、转变学风、推行新政各方面起到了巨大的作用。《国闻报》称誉说："湖南风气日开，较之江海各省，有过之无不及"，自上年"江学使……创立湘学会"以来，湖南"多为士讲学之地"，"不半载之间，讲堂之场，居然林立。或暂僦书院屋舍，或另赁街市民房，人尽愤发，士皆淬厉，惟楚有才，于斯为盛。新学之盛，此邦殆其嚆矢欤"。[①] 即使"右帅（陈宝箴）去，他人来，亦不能更动"[②]。湖南开办学堂学会为湖南培养了一大批新政人才，使得"湖南民智骤开，士气大倡，各州县府私立学校纷纷并起，小学尤盛，人人皆能言政治之公理，以爱国相砥砺，以救亡为己任，其英俊沉毅之才，遍地皆是"[③]，年龄在二三十岁"无科第，无官阶，名声未显者"[④]不计其数。而且其志不可夺，虽受守旧派的遏抑，然而"野火烧不尽，春风吹又生"，即使"全国瓜分，而湖南亡后之图，亦已有端绪"[⑤]。在立会兴学造就人才的同时，陈宝箴还注重招贤纳士，延聘、团聚社会贤达。1897 年 10 月，他邀请梁启超赴湖南主持时务学堂讲席，使湖南"新学士子……群相呼应"，共同起而组织学会，讨论时务，于是湖南"维新运

---

① 《湖南学会林立》，见《国闻报》，光绪二十四年五月十一日。转引自汤志钧：《戊戌变法史》，北京：人民出版社，1984 年，第 286 – 290 页。

② 《皮锡瑞日记》丁酉年十二月初一。转引自伍新福主编：《湖南通史·近代卷》，长沙：湖南人民出版社，2008 年，第 499 页。

③ （清）梁启超：《戊戌政变记》，伍新福主编：《湖南通史·近代卷》，长沙：湖南人民出版社，2008 年，第 500 页。

④ （清）梁启超：《戊戌政变记》，马勇：《中国近代通史·从戊戌维新到义和团（1895—1900）》（第四卷），南京：江苏人民出版社，2005 年，第 187 页。

⑤ （清）梁启超：《戊戌政变记》，马勇：《中国近代通史·从戊戌维新到义和团（1895—1900）》（第四卷），南京：江苏人民出版社，2005 年，第 187 页。

动，顿呈活跃之观”。[①] 梁启超指出湖南应办之事，帮助陈宝箴商筹湖南新政，一时成为陈宝箴振兴湖南的得力助手。同年，陈宝箴还邀谭嗣同来长沙与陈三立、江标、黄遵宪、熊希龄、徐仁铸、唐才常等倡论变法，“擘划新政”，协同办理南学会，与诸志士“相与讲爱国之理，求救亡之法”。[②] 谭嗣同“实为学长，任演说之事”，又与唐才常创办《湘报》，组织群萌学会，与熊希龄组织延年会，“慨然以湖南开化为己任”，“与群志士办新政”，湖南风气大开，数谭嗣同“之功居多”。[③] 陈宝箴通过立会兴学，选调学堂提督、学会会长、报馆董事和延聘讲习等途径，在湖南全省内外招揽了百余名贤淑之士和忠良之才，颇为广泛地团聚了一批立志开新塞弊的社会贤达，使“蹈厉奋发”之“志士，渐集于湘楚”[④]，使湖南成为“天下之中，而人才之渊薮”[⑤]。时务学堂和南学会同被誉为“国中学校之嚆矢”[⑥]。

---

① 汤志钧：《戊戌变法人物传稿》（增订本上册），北京：中华书局，1980年，第62页。

② 孟文镛、陈梅龙、张鑑安：《新编中国史学习手册》，南京：南京大学出版社，1989年，第151页。

③ 中国史学会主编：《中国近代史资料丛刊第八种：戊戌变法》（第四册），上海：神州国光社，1953年，第180页。

④ 黄林编：《近代湖南出版史料（178－179）》，长沙：湖南教育出版社，2012年，第789页。

⑤ （清）梁启超：《梁启超全集》（第一册），北京：北京出版社，1999年，第139页。

⑥ （清）梁启超：《梁启超全集》（第一册），北京：北京出版社，1999年，第3920页。

办报荐才

第七章 开创报馆 激聚民心图救亡

陈三立在佐助陈宝箴推行新政的过程中，“忽见《时务报》册，心气舒豁，顿为之喜”，认为办报对新政“日起有功，必能渐开风气，增光上国”。[①] 湖南士人邹代钧见报，“阅之令人狂喜”，认为此报“足洗吾华历来各报馆之陋习”，“为吾党幸，为天下幸”，“此报名贵已极，读书人无不喜阅”，并和熊希龄商议“湘省可销三百份”。[②] 陈宝箴便顺应众意，授意江标、唐才常、蔡钟睿等人开创报馆。江标“系心时变，日讨求中外强弱形势，慨然有矫世变俗之志”[③]，他视学湖南之时毅然以“变风气、开辟新治为己任”[④]，立志要“一决数

① 李济琛主编：《戊戌风云录》，北京：金城出版社，2014 年，第 355－356 页。

② 李济琛主编：《戊戌风云录》，北京：金城出版社，2014 年，第 356 页。

③ （清）唐才常：《前四品京堂湖南学政江君传》，谭仲池主编：《长沙通史·近代卷》，长沙：湖南教育出版社，2013 年，第 289 页。

④ 李济琛主编：《戊戌风云录》，北京：金城出版社，2014 年，第 438 页。

百年拘牵忌讳之藩篱”①，“复助巡抚陈宝箴规划新政”②。当时正值“时局之多艰”，“皇舆之失纽”，痛定思痛，“揽衣屑涕”之后，“思以体用赅贯之学导湘人士”，努力为湖南新政“整顿书院、广求实学之议，勉设舆地、算学……于校经书院”，为切实诱导“乡曲儒士”，唤醒民众，倡说救亡，“乃取门下诸生”之“卮言”，“蕲与海内切劘”。③后来见《时务报》能周知世局，“力破鲰生小儒之成见”，而湘省“报馆阙如，非所以开民智而育人材”。④于是在1897年4月22日正式创办《湘学新报》，不久改名《湘学报》。

《湘学报》由江标发起、督办，唐才常担任主编兼撰稿人，开辟有史学、掌故、舆地、算学、商学、交涉六个栏目，是以开化湖南风气、宣传维新变法为目的的综合性理论刊物，也是近代湖南最早的新式旬刊，颇受湖南绅民青睐。《湘学报》的“开办章程”宣示：“海内建议变法之文，如《时务报》《万国公报》，俱粲然可观。本报专从讲求实学起见，不谈朝政，不议官常。盖学术为政治之本，学术明，斯人才出。”⑤

其实，《湘学报》不如“开办章程”讲的那么平和稳重，只要详细阅审各期所刊文章的内容和作者，便可知该刊是一种

① （清）唐才常：《前四品京堂湖南学政江君传》，伍新福主编：《湖南通史·近代卷》，长沙：湖南人民出版社，2008年，第398页。

② 汤志钧：《戊戌变法人物传稿》（增订本上册），北京：中华书局，1980年，第427页。

③ 汤志钧编：《近代中国史料丛刊续编第三十二辑·戊戌变法人物传稿》，台北：文海出版社，1966年，第181页。

④ 伍新福主编：《湖南通史·近代卷》，长沙：湖南人民出版社，2008年，第472页。

⑤ 刘梦溪：《陈宝箴和湖南新政》，北京：故宫出版社，2012年，第52页。

极力鼓吹变法维新的官办刊物。[①]《湘学报》以“讲求中西有用诸学，争自濯磨，以明教养，以图富强，以存遗种，以维宙合”[②] 的名义，在报头随时刊登“谕旨及新学一切章奏”，“从讲求实学起见”，研讨史学、掌故、舆地、算学、商学、交涉六门科学，帮助士人官绅“研求物理，周知四国”，以造舆论宣传新学新政。[③] 黄遵宪、徐仁铸、梁启超、唐才常、易鼐、何来保等维新派精英都在《湘学报》上发表文章。唐才常《论各国变通政教之有无公理》的长篇大论在该刊连载五期，介绍西方国家的议会制度，有“忠其民者不必忠其君，公其国者不必公其天”的议论，得到维新派官绅的认同。[④] 陈宝箴发表文告，称赞《湘学报》能“洵足开拓心胸，为学者明体达用之助”，并劝绅富自行购买分送城乡学士阅读，“俾乡僻寒峻皆得通晓当世之务，以为他日建树之资。所费无多，为益甚大，较之加课诗赋奖赏，功利迥殊。良有司造就人才，共维时局，知必留意于此也”。[⑤] 陈宝箴曾拨款购报，札行各县，使肄业诸生，得以次第传阅。[⑥]《湘学报》影响渐广，湖广总督张之洞也发表手札，肯定《湘学报》“大率皆教人讲求经济

---

① 刘梦溪：《陈宝箴和湖南新政》，北京：故宫出版社，2012 年，第 52 页。

② 邓洪波：《湘学新报例言》，《湖南书院史稿》，长沙：湖南教育出版社，2013 年，第 672 页。

③ 邓洪波：《湘学新报例言》，《湖南书院史稿》，长沙：湖南教育出版社，2013 年，第 672 页。

④ 刘梦溪：《陈宝箴和湖南新政》，北京：故宫出版社，2012 年，第 52 页。

⑤ 刘梦溪：《陈宝箴和湖南新政》，北京：故宫出版社，2012 年，第 52 页。

⑥ 陈锋、王翰主编：《毛泽东瞩目的文臣武将》，武汉：长江文艺出版社，2009 年，第 614 页。

时务之法”，“议论闳通，于读书讲艺之方，次第秩然”。[①] 因此决定湖北“除省城两湖书院发给五本，经心书院发给二本，本部堂衙门暨抚学院、司道、荆州将军衙门各一本”外，亦通饬各道、府、州、县一体购阅，并要求发给各书院诸生阅读。[②] 1898 年 2 月，徐仁铸继任湖南学政接办《湘学报》，“通饬各学，按期购置”《湘学报》，“分布城乡各书院，俾士子一并阅看，愈益见闻”。[③]

《湘学报》主编唐才常借助该报舆论阵地，以笔为枪，大胆著文，写出大量文章，大力鼓吹救亡，倡导变法，在当时湖南思想文化界产生了很大的影响，使“一时学者风气得以转移”[④]。谭嗣同写信称“《湘学报》愈出愈奇，妙谛环生，辩才无碍，几欲囊古今中外群学而一之，同人交推为中国第一等报，信不诬也”[⑤]。他致函新任学政徐仁铸：“诸新政中，又推《湘学报》之权力为最大。盖方今急务在兴民权，欲兴民权在开民智。《湘学报》实巨声宏，既足以智其民矣，而立论处处注射民权，尤觉难能而可贵。主笔者为同县唐黻丞拔贡才常，

---

① 黄林编：《近代湖南出版史料》（2），长沙：湖南教育出版社，2012 年，第 1118 页。

② 黄林编：《近代湖南出版史料》（2），长沙：湖南教育出版社，2012 年，第 1118 页。

③ 《湘学报》（第 5 册），光绪二十三年五月初一。转引自伍新福主编：《湖南通史 · 近代卷》，长沙：湖南人民出版社，2008 年，第 474 页。

④ （清）尚秉和：《辛壬春秋》，王继平主编：《晚清湖南史》，长沙：湖南人民出版社，2004 年，第 226 页。

⑤ （清）谭嗣同：《与唐黻丞书》，《谭嗣同集》，长沙：岳麓书社，2012 年，第 282 页。

嗣同同学，刎颈交也。其品学才气，一时无两。”[1] 这种倡风气之先的“激烈”言论，引起了湖广总督张之洞的不满，他颇为震怒，一改初衷，从支持《湘学报》到指斥《湘学报》内容“多有不妥，恐于学术人心有妨”，并拟函《致长沙徐学台》，指责《湘学报》“奇怪议论较去年更甚，或推尊摩西，或主张民权”，其“学术既不敢苟同，士论亦不敢强拂”，“以后实不敢代为传播”。[2] 并乘机隔省摘桃，施加影响，把《湘学报》揽于封建顽固派的控制之下。自此《湘学报》每况愈下，渐次失去政治思想锋芒，直至伴随戊戌维新的结束而停刊。

《湘学报》创办仅一年零四个月，共出版四十五期，它是湖南倡说救亡图存、鼓励维新变法、推动湖南新政的首创报刊，刊载了《论湘中所兴新政》等大量关于振兴湖南的文稿，介绍了西方资本主义国家政治、经济、文化等方面的情况和自然科学知识，体现了湖南维新派的社会政治思想，保存了较为完备的湖南维新运动的早期资料，是研究湖南近代化历史的重要文献。此外，它还连续刊登了梁启超在时务学堂的全部讲稿，进一步扩大了变法维新思想的影响，揄扬了维新派的爱国主义精神。由此可见，《湘学报》与时务学堂相表里，使湖南较多的知识分子能识维新之时务，能成为革新之俊杰。

《湘学报》自开办以来，各地争相购阅，读者遍及全省内外，于湖南开新风气大有裨益。由于是旬刊，不便刊登新闻，

---

① （清）谭嗣同：《与徐仁铸书》，《谭嗣同集》，长沙：岳麓书社，2012 年，第 291 页。

② （清）张之洞：《致长沙徐学台》，苑书义、孙华峰、李秉新主编：《张之洞全集》（第 7 – 12 册），石家庄：河北人民出版社，1998 年，第 7582 页。

无法快捷地报道和反映社会政治情况的变化，无法及时贯彻维新派的政治和政策意图，随着湖南维新运动高潮的到来，它已难以适应新形势发展的要求。为此，经省抚陈宝箴饬准，由湘人熊希龄联合唐才常、谭嗣同、陈三立等通过民间集资创办了一份新式日报，作为湖南维新派的主要宣传阵地。熊希龄、唐才常等“究心实学，尤娴于中西史乘”[①]，“胸襟为之开爽，眼界因而扩大”[②]。他们切齿痛恨李鸿章马关之行是“奸臣卖国，古今所无”[③]。从此“深知清廷之腐朽，非变法不足以图强”，于是“专力研究各国政治外交情况”，“自号洴澼子”，“以示除旧布新、变法图强之意”，并倡谈“托古改制之说”，以此“为变法维新之理论基础”。[④] 鉴于当时割胶事起，外患日逼，“焚如之灾，迫在旦夕，而士大夫泄沓”，于是决意“以文字改良社会”。[⑤] 1898 年 3 月 7 日集中了湖南维新派所有精英的《湘报》在长沙正式创刊。《湘报》是继《湘学报》之后湖南维新运动期间兴起的最有影响力的报纸，也是湖南最早的日报。

创办《湘报》是熊希龄对湖南新政最大的贡献。熊希龄是湖南凤凰人，15 岁考中秀才，有湘西“神童”之称。23 岁

---

① 杨鹏程、胡忆红、郭汉民编：《湖南辛亥革命史料》（第二册），长沙：湖南人民出版社，2011 年，第 326 页。

② 湖南历史资料编辑委员会编：《唐才常和时务学堂》，《湖南历史资料》（3），长沙：湖南人民出版社，1958 年，第 98 页。

③ 王松龄主编：《实用中国历史知识辞典》，长春：吉林文史出版社，1991 年，第 564 页。

④ 李济琛主编：《戊戌风云录》，北京：金城出版社，2014 年，第 412－413 页。

⑤ 汤志钧编：《近代中国史料丛刊续编第三十二辑 · 戊戌变法人物传稿》，台北：文海出版社，1966 年，第 189 页。

时向时任湖南巡抚吴大澂上书，提出“兴教养”“严吏治”“立炮台”“修城池”的救国之道。甲午中日战争惊醒了国人，湖南人“经此创巨痛深”，锐意进取，湖南社会风气由此焕然一新，熊希龄也以此为契机，在社会政治环境变化中一步步完成了自身思想的转变，从传统的封建士子转变为以维新变法为目标，以经国济世、御侮求强为人生大义的维新志士。1896年，熊希龄投笔从戎，进入两湖营务处，当湖南率先举办新政兴起变法的时候，他又毅然辞职，以翰林院庶吉士身份，投入湖南的维新运动，果敢地接受了省抚陈宝箴饬其创办《湘报》的使命。据皮锡瑞1898年2月14日日记所载：“观秉三（熊希龄字秉三）所办湘报馆，活字机器皆备，请戴宣乔主政，二月初即出报。”[①]《唐才常年谱》也有“熊希龄发起《湘报》，亦公任总撰述”之记载。[②]《湘报》第1号发刊词说：“熊君秉三，喜民智之乍开，欲慈航之普度，乃鸠同志，集巨资，设湘报馆。”[③] 为使《湘报》顺利发刊，熊希龄不遗余力地做了扎实的准备工作：一是购买机器。1897年4月熊希龄通过汪康年在上海订购印刷机器和活字，督促经办商于11月运到长沙。二是筹集资金，发动私人集资，董事会成员蒋德钧、唐才常、梁启超、谭嗣同、邹代钧、李维格、王铭忠及熊希龄本人均带头捐助；董事会以外的人员也参加捐助；争取到省抚署衙拨银二百两做开办经费。三是创立完整的办事机构，设立编辑处、收支处、排字处、印刷处、管报处、校对处等；

---

① 刘梦溪：《陈宝箴和湖南新政》，北京：故宫出版社，2012年，第54页。

② 许顺富：《湖南绅士与晚清政治变迁》，长沙：湖南人民出版社，2004年，第203页。

③ 许顺富：《湖南绅士与晚清政治变迁》，长沙：湖南人民出版社，2004年，第203页。

并聘请梁启超、谭嗣同、唐才常、何来宝、戴德诚、樊锥六人为撰述，唐才常任主笔，另任李维格为西文翻译。四是订立办报宗旨和章程。1898 年 2 月，熊希龄订立了《湘报馆章程》，规定《湘报》宗旨为“专以开风气、拓见闻为主”，并强调“首重知己”，“重在纪实摘要”。[①] 熊希龄还为报馆制定了严格具体的工作制度和管理方法，以提高办事效率，保证报馆各项工作顺利进行。另外，他还拟定《办事凡例》，规定了排字工人的工作质量标准和劳动纪律：规定上班时间不能“时常会客”，“不得无故旷工”，“送报人须有绅商出具切实保单”。[②] 其经营管理初具资本主义企业规模。

《湘报》“提倡新学，酝酿变法”[③]，所撰文章“义求平实，力戒游谈，以补《时务》《知新》《湘学》诸报所不逮”[④]。同时，“以使园颅方趾能辨之无人皆易通晓”[⑤]，充分发挥其宣传效果，使其“转移之速，更有不胫而走，不翼而飞者”[⑥]。唐才常利用《湘报》介绍“泰西技术”，上自国家要政，“下逮闾巷纤悉之事，无不与国人谋之”，而其“大旨趋重于全民生，去民害，保民权之说”，揭示中国“封建专制

① 黄林编：《近代湖南出版史料》（2），长沙：湖南教育出版社，2012 年，第 1231 – 1232 页。

② 黄林编：《近代湖南出版史料》（2），长沙：湖南教育出版社，2012 年，第 1234 – 1235 页。

③ 南京大学历史系《中国历代名人辞典》编写组编：《中国历代名人辞典》，南昌：江西人民出版社，1982 年，第 550 页。

④ 湖南省地方志编纂委员会编：《湖南通鉴》（上册），长沙：湖南人民出版社，2007 年，第 325 页。

⑤ 湖南省地方志编纂委员会编：《湖南通鉴》（上册），长沙：湖南人民出版社，2007 年，第 325 页。

⑥ 郑振铎编：《晚清文选》，长春：吉林人民出版社，1998 年，第 516 页。

之腐朽”，鼓吹“资产阶级民主民权之说”，“力主变法，而变法尤须热力”，“有热力者，不变速亡，变则速强。热力速而涨者，其民必智，其国必新”。[①] 陈宝箴热情支持《湘报》，批示“准于立案”，凡“政府文告、公牍”，“除未定之咨谋，应密之机事，未便遂行宣示外，所有应行之件，仰候随时饬送该馆刊刻，以资考证，而实见闻”。[②] 报馆章程强调：《湘报》与时务学堂、南学会“联为一气”，“专以开风气，拓见闻为主，非借此谋生者可比”。[③] 每报首刊论说、奏疏、电旨、公牍，再录本省新政各国时事；次谈商务、杂事，适当选登政学新书或其他报刊要闻，继而又“拟添各处访事，广采新闻”，如“京都新闻”“各省新闻”“各国新闻”“学会汇纂”等，甚至还将市场物价、商业信息也“逐日编列”。[④]

当时为《湘报》撰稿者除梁启超、谭嗣同、唐才常、熊希龄外，陈宝箴、皮锡瑞、黄遵宪等人及部分时务学堂的学生都曾在《湘报》上刊登讲义、论说或其他文章。时务学堂、南学会等有关团体的章程、朝廷谕旨等也在《湘报》上刊载，这一时期的《湘报》工作运转得有条不紊、有声有色，深受官绅士民欢迎。熊希龄、谭嗣同、唐才常等维新派人士以《湘报》为阵地，抨击时政，宣传变法，介绍西方资产阶级的

---

① （清）唐才常：《辨惑》（上），郑大华等选注：《砭旧危言：唐才常、宋恕集》，沈阳：辽宁人民出版社，1994 年，第 130 页；（清）唐才常撰：《唐才常集》，长沙：岳麓书社，2010 年，第 253 页。

② 周秋光编：《熊希龄集》（一），长沙：湖南人民出版社，2008 年，第 84－85 页。

③ 苑书义等编著：《中国近代史新编》（中册），北京：人民出版社，1986 年，第 493 页。

④ 黄林编：《近代湖南出版史料》（2），长沙：湖南教育出版社，2012 年，第 1236 页。

政治经济改革，与封建顽固势力展开了尖锐的斗争，因而遭到封建顽固派的忌恨。《湘报》先后发表了维新派激进人士樊锥的《发锢》《开诚篇》和易鼐的《中国宜以弱为强说》等文章，樊锥提出“革从前，搜索无剩，唯泰西是效”，易鼐亦有“改正朔，易服色，一切制度悉从泰西”等主张。[①] 其言辞甚为激烈，成为守旧势力攻击的把柄。尤其是《湘报》第20号发表易鼐《中国宜以弱为强说》的署名文章，旗帜鲜明地提出了“西法与中法相参”“民权与君权两重”“中教与西教并行”“黄人与白人互婚”和“听民兴利除害”等维新主张，因而遭到顽固派的反对。连省抚陈宝箴见报后也大惊失色，当即转告熊希龄，说该文“过于偏激，惊世骇俗，非处士所宜言”[②]，要熊希龄立即收回救正。然而熊希龄不仅没有照办，反而在1898年4月1日《湘报》上刊文指出：“易君偏激之言，诚不能为之曲护，而其哀哀长鸣，冀我朝毅然变更，以力持于存亡呼吸之间，实在忠君报国之忱”，且他“处处为本朝尽保国保教保种之急策”，“深望我皇上奋然兴起，以有俄、日维新之盛，此其言虽激，而其意则诚”。[③] 由此可见熊希龄坚持真理的勇气和不畏权势的胆略及心系改革维新的决心。湖广总督张之洞见《湘报》甚为恼怒。1898年5月11日，他致电陈宝箴等称：“近见刊有易鼐议论一篇，真是十分悖谬，见者人人骇怒……此等文字，远近煽播，必致匪人邪士，倡为乱阶。且海内哗然，有识之士，必将起来指摘弹击，亟宜谕导阻

---

① 周秋光：《熊希龄传》，北京：华文出版社，2013年，第113页。

② （清）陈宝箴：《复欧阳节吾舍人论报书》，转引自谭仲池主编：《长沙通史·近代卷》，长沙：湖南教育出版社，2013年，第418页。

③ 汤志钧：《戊戌变法史》，北京：人民出版社，1984年，第300页。

止，设法更正。”陈宝箴当即饬令熊希龄“删去报首议论，但采录古今有关世道名言，效陈诗讽谏之名”，面对张之洞的指责和陈宝箴的饬令，熊希龄很担心报馆被查封，暂时停止发表言辞激烈的文章，为了保护《湘报》这一斗争阵地，熊希龄几经努力未果。①

1898 年 6 月底，湖南维新派与顽固守旧派终于爆发了一场激烈的思想交锋。首先由岳麓书院几个学生联名上书王先谦，对熊希龄、谭嗣同、梁启超、唐才常等维新派人士进行攻击，诬称他们浸淫邪说、迷惑视听，“欲倾覆我邦家”。王先谦接到上书后，于当年 7 月 10 日向巡抚陈宝箴呈递《湘绅公呈》，诋毁熊希龄、谭嗣同、梁启超、唐才常等人，要求对他们严加整顿，摒弃主张异学之人。陈宝箴一向奉行温和的调解政策，为了自保而妥协退让。熊希龄却挺身而出，于 7 月 13 日和 15 日在《湘报》上刊出《公恳抚院整顿通省书院禀稿》和《上陈中丞书》，对王先谦等人进行无情的揭露和猛烈的抨击，这两篇文章如同两枚重磅炸弹，在反对派中引起极大的震动和恐慌。王先谦恼羞成怒，立即写信给陈宝箴，说《湘报》“去之无害，而颇有益”，陈宝箴深感《湘报》为自己招惹了太多麻烦，自己对于报馆也无法控制。为了惩治熊希龄，更为了照顾王先谦的面子与平息反对派的怒气，他勒令熊希龄交出报馆，但遭到熊希龄的坚辞拒绝，陈宝箴于是釜底抽薪，停发每月给《湘报》的二百两银钱，使《湘报》资金不足而无法维持，于 7 月 19 日被迫停刊，熊希龄也只好离开《湘报》。②

---

① 汤志钧：《戊戌变法史》，北京：人民出版社，1984 年，第 300 页。

② 李济琛主编：《戊戌风云录》，北京：金城出版社，2014 年，第 400－401 页；另见周秋光：《熊希龄传》，北京：华文出版社，2013 年，第 122－123 页。

熊希龄在主持《湘报》的过程中，较谭嗣同、梁启超、唐才常更为沉稳、干练而趋于理智，他毕竟是进士出身，帮助陈宝箴推行新政身负重任，除主持《湘报》外，还兼顾南学会、时务学堂等多个部门，特殊的身份、地位和处境决定了他在经营和护卫《湘报》时略胜一筹的智慧和策略，他虽无梁启超、谭嗣同、唐才常那样慷慨激昂的文辞，但在维新派与守旧派势力斗争日趋激烈之时，却始终站在斗争的前沿与守旧派针锋相对、短兵相接，表现了英勇无畏的献身精神。据谭嗣同记载，他与熊希龄、唐才常之间平时都以“杀身灭族”四字相劝勉，熊希龄也说过：“龄本草人，生性最憨，不能口舌与争，惟有以性命从事，杀身成仁，何不可为?”可以说熊希龄表现出的英勇无畏的献身精神与谭嗣同、唐才常相互辉映，毫不逊色。①

1898年9月，熊希龄若不是因病延误进京，恐怕“当与六君子同命”②。熊希龄与谭嗣同、梁启超、唐才常一样，在协助湘抚推行新政、创办《湘报》方面做出了一般人无可比拟的贡献，他们都是《湘报》当之无愧的精英。《湘报》作为维新派的论坛和南学会的园地，共出报177期，详尽地记载了戊戌变法期间湖南政治、经济、文化诸方面的情形，宣传了维新派的政治主张，是研究湖南新政的重要史料。

《湘学报》和《湘报》是湖南维新派创办的重要报刊。前者与时务学堂相表里，后者与时务学堂、南学会“联为一气”，都是在国家、民族危急时维新派倡导救亡图存的舆论阵地和鼓吹改革维新的喉舌，在促使湖南政治、经济、文化、民

① 李济琛主编：《戊戌风云录》，北京：金城出版社，2014年，第402页。
② 周秋光：《熊希龄传》，北京：华文出版社，2013年，第124页。

俗、民风等方面由保守向近代化开放意识转型的最初阶段起了重要的导向作用，有效地达到了开放风气、倡导民权、辅助新政的目的。在《湘学报》和《湘报》的宣传鼓动之下，湖南“风气几大变”，凡“负才有志”者皆“慷慨奋发迭起”，[①] 许多湖南人成为维新的热烈提倡者，积极投身救亡图存的事业，使湖南成为全国的“维新之区”[②]、著名的东南一帜。

① （清）唐振常著，唐明、饶玲一编：《唐振常文集》（第 1 卷），上海：上海社会科学院出版社，2013 年，第 126 页。

② 李济琛主编：《戊戌风云录》，北京：金城出版社，2014 年，第 452 页。

第八章

举荐人才　治国兴邦求富强

1895 年 5 月 2 日，康有为、梁启超等在京率十八省举人与数千市民发动“公车上书”，提出变法维新主张，湖南、广东等地学堂、学会、报馆不断出现，新政人才渐次脱颖而出，倡说救亡图强的呼声日趋高涨，在全国维新舆论的推动与维新派的佐助之下，光绪帝“轸念时艰，锐意作新之治”，于 1898 年 6 月 11 日颁布《定国是诏》，宣布变法维新，广开才路，命各省督抚“保荐使材”，皇上“锐意求材，不拘资格，群情鼓舞，迥异寻常”。陈宝箴向光绪帝极力保举康有为，称其“为人博学多材，盛名几遍天下”，时人“誉之者无不俯首服膺”，称其“识略既多超卓，议论亦颇宏通”，对于“治乱之原、中西政教之大，类能苦心探讨、阐发详尽，而意气激昂慷慨，为人所不肯为，言人所不敢言”，真可谓“一时奇士”。他之所以招致诽谤，在于他“生平才性之纵横、志气之激烈”；他之所以“推崇孔子”，目的在于“以开民智”；他的门徒“又类多英俊好奇之士”，在士人中被“奉为学派，自成风气”，推崇康有为“好学近智，知耻近勇，有独至之气者必有过人之长”。当今“百度维新、力图自强之际，千人之诺诺，不如一士之谔谔”。恳请光绪帝“陶铸群伦”，“兼收博采”社会贤达的“敢言之气”，虚怀笑纳康有为这个“可用之才”，并担保说：康有为绝不是“面从心违，以欺蒙为搪塞”之类。因此，“为厘正学术，以期造就人材、维持风教起见，谨专折具陈”，以辅佐朝政，治国兴邦。①

同年8月5日，陈宝箴奏明：“国家当力图振兴之会，庶政方新，需才尤众”，凡“有过人之长，为平日所深悉，自当不限方域”全力举荐，“上副圣主国治之怀，下逭人臣窃位之咎”。因此，他从平时所见闻的京外官员中“择其名位未显而志行可称、才识殊众”而又“素所知信者”共十七人，详列清单缮写考评意见，“随折上陈”，向朝廷举荐以供择用。他们是：“才力精果，学有本原”，“务求平实，并究心泰西政学”，而又“忠爱之悃，惓惓不忘”的前内阁学士陈宝琛；“才学淹通，志性端谨；切究当世之务，绝无浮夸之习”的内阁候补侍读杨锐；“通晓中外政治得失，识练才长”的礼部候补主事黄英采；“器识闳远，廉正有为”的刑部候补主事刘光第；“操履端谨，才猷练达”，而又“洞悉中外交涉情形，办理洋务随机因应，洞中肯窾”，被称为“今日难得之才”的广东候补道杨枢；“才识敏练，果毅有为”，“在湖北办理机器纺织等事，屏除积习，卓著成效”的广东试用道王秉恩；“才气开张，勇于任事”，能“理繁治剧，精能绝人”，曾因“筹办秸科，创行河运之法”，能“省费便民”得到“前协办大学士李鸿藻深加契赏”的江苏试用道欧阳霖；“开敏精勤，才能肆应”，办理湖北工赈“切实精到，舆颂翕然”的江西试用道恽

① 汪叔子、张求会编：《陈宝箴集》（上），北京：中华书局，2003年，第778－781页。

祖祁；“通达治体，谙习时务”，对中西兵事“精心考究，多有心得”，“统带江南防营，深资得力”的江西试用道杜俞；“才识明通，讲求经济之学，迭次办理教案，操纵得宜，能持大体”的湖北候补道徐家幹；“学识正大，践履敦笃”，“孜孜讲求吏治，必期切实可行”的江苏候补道柯逢时；“器局开明，才识练达”，“在湖北办理淮军转运十余年，综核精密，积弊一空”的奏调北洋差遣、湖北试用道薛华培；“志识通敏，晓练世务”，有“奋往之气，肆应之才”，而“实足有为”的奏调北洋差遣、候选道左孝同；“存心利物，勤恳周至，不恤其私”，被商民誉为“有恢张干练之才”，办理盐场为民“兴利除害”“裨益实多，商民称颂”的记名简用道、两淮海州盐运分司运判徐绍垣；“才器闳达，力图新政”，向有“迥殊俗吏”之称的浙江杭州府知府林启；“为守兼优，忠爱恻怛之忱，尤为难得”的江苏常州府知府有泰；“干练勤能，整饬吏治”，令吏民“舆情悦服”的四川邛州直隶州知州凤全。[①]

陈宝箴所荐各员都是戊戌变法的骨干，其中刘光第、杨锐等人更深得光绪帝信爱器重，赏予四品卿衔，“充军机章京参预新政”。刘光第“高节笃行”，居官清廉，“气骨森竦”，“治事精严”，诏见之时面疏光绪帝指出：国难当头，“上下沓习为常，非大赏罚不足以励人心”。[②] 杨锐“鲠直尚名节”，“不畏强御”，“谦益自持”，尚气节明大义，立身不苟，“见危授命，有古君子之风”，认为二十年来之国脉“皆斫丧于西后

① 汪叔子、张求会编：《陈宝箴集》（上），北京：中华书局，2003 年，第 807－808 页。

② 汤志钧编：《近代中国史料丛刊续编第三十二辑·戊戌变法人物传稿》，台北：文海出版社，1966 年，第 51 页。

之手”，“久有裁抑吕武之志”。[①] 他曾向光绪帝建议“将法尽变，并不欲将此辈老谬昏庸之大臣罢黜，而登用英勇通达之人，令其议政”[②]，深得光绪帝赏识。光绪帝“亲授黄匣朱批”给刘、杨等四章京委以重任，命其“竭力赞襄新政，无得瞻顾，凡有奏折，皆经四卿阅视，凡有上谕，皆经四卿属草”。[③] 7月29日，光绪帝“赐以衣带诏”，言“位将不保，命康先生与四人同设法救护”。[④] 由此可见，光绪帝似乎与四章京相依为命了，而四章京自然已成为帝党的心腹、变法维新的中坚。陈宝箴所保举的康有为则成为光绪帝参谋、“变法维新之领袖”。《马关条约》签订后，康有为连上数书，提出“拒和”“迁都”“练兵”“变法”的主张和“富国养民，教士练兵”的自强雪耻之策，“吁请采法、俄、日以定国是，大集群才而谋变政，听任疆臣各自变法”。[⑤] 从1898年6月11日至9月21日的整个百日维新期间，康有为的新政建议有54条之多，被光绪帝采纳而颁布新政上谕的共有49条，占90%以上。这一时期光绪帝所有变法维新的上谕、诏示等文稿，几乎全部出自康有为、梁启超、谭嗣同、杨锐、刘光第等人之手。足见这批维新志士在光绪帝心目中的地位、在戊戌变法运动中的作用

---

① （清）梁启超：《梁启超全集》（第一册），北京：北京出版社，1999年，第229－230页。

② 左舜生选辑：《中国近百年史资料续编》（影印本），北京：中华书局，1938年，第421页。

③ （清）梁启超：《梁启超全集》（第一册），北京：北京出版社，1999年，第229－230页。

④ （清）梁启超：《梁启超全集》（第一册），北京：北京出版社，1999年，第230页。

⑤ 白寿彝总主编，龚书铎分册主编：《中国通史·第11卷·近代前编（1840—1919）》（下册），上海：上海人民出版社，2015年，第1170页。

是何等的举足轻重！而陈宝箴悉心审察识拔保举的这批人才，不能不说是对戊戌变法这一“中国近代第一次民主宪政运动”[①] 的一个重大贡献。

① 汤志钧：《戊戌变法人物传稿》（增订本上册），北京：中华书局，1980年，第24页。

屈死流芳

第九章
“嘿语” 群攻 冤沉海底揭迷障

一、封建顽固派对以陈宝箴为代表的资产阶级维新派的抵制

陈宝箴苦心推行新政，擘画改革图强，“事立效著”[①]，使得“素称守旧”的湖南“近日丕变之急，冠于行省”，而且“日新月异，继长增高”。[②] 湖南蓬勃发展的维新运动引起了封建顽固派的切齿痛恨和恶毒攻击，顿时“楚咻大作”[③]，“谣诼首祸亦始”，各种顽固守旧势力“附会构煽，疑谤渐兴”，“挟

---

① 汪叔子、张求会编：《陈宝箴集》（下），北京：中华书局，2005 年，第 2003 页。

② 毛宗璜、冯玉荣主编：《中华名人爱国心》，重庆：西南师范大学出版社，1990 年，第 65 页。

③ 汪叔子、张求会编：《陈宝箴集》（下），北京：中华书局，2005 年，第 1986 页。

党挤排，假名义相胜”，[1]“嫉视维新之臣若仇敌”[2]，在政治、思想、学术领域掀起了一场激烈的新旧之争，即维新派维资本主义之新与顽固派护封建主义之旧的论争。以陈宝箴为代表的湖南资产阶级维新派主张学习西方，把封建主义的中国变为资本主义的中国，因而鼓吹资本主义的民主民权；封建顽固派则护卫封建纲纪法规不容动摇，绝不允许“用夷变夏”，攻击维新派的学说和主张是“欲煽惑我中国之人心叛圣清入西籍”，[3]是“率天下而乱”，是离经叛道，惑世乱民，指斥维新派“离”了封建统治的法定经伦，“叛”了封建统治的法规道统，“惑”了封建纲常束缚下的一统世界，“乱”了封建伦理桎梏下的忠实顺民。无怪乎他们把湖南新政视为洪水猛兽，不择手段加以诋毁。

第一，遍搜新学书籍，逐条批驳。湖南顽固派士绅叶德辉之流连篇累牍撰写《长兴学记驳义》等文章，几乎把梁启超在长沙时务学堂讲学时所援引、撰辑的全部书籍、文章一概加以“辞”“辟”，攻击康梁之书“同一宗旨，既有梁启超……为之爪牙，复有徐学使……为之羽翼，于是康有为之邪说，乃大行于湘中，而吠声吠影之徒，竟不知圣教为何物”，挑动“有世道之责者”群起“嘿语”而攻之。[4]还有自诩为“汨罗乡人”的劣绅撰写了《学约纠误》，专斥梁启超起草的《湘省

① 汪叔子、张求会编：《陈宝箴集》（下），北京：中华书局，2005 年，第 2002 页。

② （清）梁启超：《梁启超全集》（第一册），北京：北京出版社，1999 年，第 215 页。

③ 伍新福主编：《湖南通史 · 近代卷》，长沙：湖南人民出版社，2008 年，第 490 页。

④ 汤志钧：《戊戌变法史》，北京：人民出版社，1984 年，第 307 页。

学约》等文章，诬攻易鼐、樊锥的变法议论，视其学说为“魑魅横行”，恨不能一朝扼毁殆尽。

第二，尽列湖南新政，横加诽谤。湖南顽固派辱骂康、梁为“乱民”“诐士”，诬称康梁学说“流毒”湘中，祸害全省，以“湘省何辜，被其荼毒”等挑衅性语言相互煽动，挑起劣绅“屏黜异说，无许再行扬播，煽惑人心”，企图尽行毁坏所有新政。① 他们散布舆论说：“吾湘若仍听其主讲时务学堂，是不啻聚百十俊秀，焚而坑之”②，恶毒地挑唆劣绅逼迫梁启超、叶觉迈、韩文举、欧榘甲等教习离湘，逼迫熊希龄等分教习离职；胁迫讲学课题最多的皮锡瑞离湘赴赣，驱逐樊锥出境，摒弃康门诸子，迫使时务学堂、南学会改弦易辙，阻止《湘报》《湘学报》的刊发，“莫不以停止为宜”，“去之无害”而后快。③

第三，众集顽固势力，朋比为奸。湖南顽固派首领、岳麓书院院长王先谦视新政议论新奇，早已骇恨，见教习批语“悖逆连篇累牍，乃知其志在谋逆”④，遂纠集叶德辉等人上书《湘绅公呈》于陈宝箴，谩骂梁启超、韩文举等人“自命西学通人，实皆康门谬种”，指责谭嗣同、唐才常等人“为之乘风扬波，肆其簧鼓”，致使“学子胸无主宰……争相趋附，语言悖乱，如有中狂”。⑤ 要陈宝箴“严加整顿，屏退主张异学之人，俾生徒不为邪说诱惑”⑥，但遭到陈宝箴斥责。他们见

① 汤志钧：《戊戌变法史》，北京：人民出版社，1984 年，第 307 页。
② 董方奎：《梁启超家族百年纵横》，武汉：崇文书局，2012 年，第 40 页。
③ 汤志钧：《戊戌变法史》，北京：人民出版社，1984 年，第 307－308 页。
④ 许刚：《国学而立集》，武汉：华中师范大学出版社，2013 年，第 43 页。
⑤ 周秋光：《熊希龄传》，天津：百花文艺出版社，2006 年，第 118 页。
⑥ 周秋光：《熊希龄传》，天津：百花文艺出版社，2006 年，第 117 页。

“宝箴不为动”，便唆使斋长宾凤阳等人以恶语淫词相加，“刊刷揭帖，四处张帖分送”，陈宝箴批斥其文“丑诋诬蔑，直是市井下流声口……此等伎俩，阅者无不共见其肺肝”，是“为众论所不耻”的“败类”。[①] 这种“飞诬揭帖”目的在于“专欲谣散学堂，阻挠新政，既显悖朝廷兴学育才之至意，又大为人心风俗之害”。[②] 王先谦屡遭斥责并不善罢甘休，于是以辞官为要胁，众集“湖南守旧党与之为难”，联合函告湘籍京官黄鋆隆和湘抚陈宝箴等，嗾使其“交章弹劾，其诬词不可听闻”，[③] 指责“陈帅紊乱旧章，不守祖宗成法，恐将来有不轨情事，不能不先事预防”[④]。军机处章京杨深秀不信诬词，“抗疏为剖办”，得到光绪帝的支持，于是“奉旨奖励”陈宝箴而“严责旧党，湖南浮议稍息，陈乃得复行其志”。[⑤] 可是，湖广总督张之洞仍隔省遥斥湖南《湘报》言辞“悖谬”、《湘学报》议论“奇怪”，接连电嘱陈宝箴、黄遵宪要“留心救正”。张之洞幕僚梁鼎芬也致书王先谦，攻击康有为、梁启超、黄遵宪、陈宝箴“聚于一方，同恶相济，名为讲学，实与会匪无异”，“三五成群，邪说暴作，使湘有无穷之祸，粤有不洁之名”，令人“心伤”“发指”，煽动诸公立誓“戮力同心，以

---

① 谢冰：《戊戌变法时期的湖南巡抚陈宝箴》，《中南民族学院学报》1982年第1期，第131页。

② 刘梦溪：《陈宝箴和湖南新政》，北京：故宫出版社，2012年，第177－178页。

③ 熊治祁编：《湖南人物年谱》（第五册），长沙：湖南人民出版社，2013年，第632页。

④ 周秋光：《熊希龄传》，天津：百花文艺出版社，2006年，第116页。

⑤ 戴逸、郭大松主编：《中国近代史通鉴·戊戌维新与义和团运动（1840—1949）》，北京：红旗出版社，1997年，第682页。

灭此贼”，“肃清之一日，大快人心”。[1] 为诋毁湖南新政，一切顽固守旧势力互相勾结，朋比为奸。湘鄂遥相呼应，电报隔省频传；京师与地方合攻，劣绅与旧僚并进，张牙舞爪，气焰嚣张，恶毒辱骂维新派是“秉禽兽之性”，“真士类之文妖”，实属“权奸逆竖，居心叵测”，“其狂悖实千古未有”，简直十恶不赦，罪恶滔天，非“脔割寸磔，处以极刑”不可。[2]

二、陈宝箴之死

湖南新旧之争愈演愈烈，渐次与朝廷帝后党争相连。康有为收到光绪帝“赐衣带诏”后，痛哭流涕，与谭嗣同紧急商议营救光绪帝的办法。维新派既无军政实权，又无广大民众后盾，谭嗣同只能铤而走险，放手一搏，他怀揣手枪，连夜密访曾入强学会而手握兵权的袁世凯，求其与维新派一道救助光绪帝，想趁十月天津阅兵之机，“起兵勤王”，囚禁西太后，袁世凯闻此绝密天机，大惊失色，不肯应允。谭嗣同露出枪械，欲以死相拼，袁世凯无奈，只得表面应允。岂料，袁世凯当夜即向直隶总督荣禄告密。但西太后获荣禄密报，于 1898 年 9 月 21 日发动戊戌政变。西太后由颐和园入宫，宣布再次垂帘听政，囚禁光绪帝于瀛台，废除京师大学堂和全部新政，下令大力抓捕维新派人士。康有为、梁启超逃亡日本，谭嗣同、杨锐、刘光第、杨深秀、林旭、康广仁六人被杀，大批赞助维新事业的官员被革职、监禁、充军。陈宝箴因祸株连，西太后颁发上谕，斥“湖南巡抚陈宝箴以封疆大吏滥保匪人，实属有

① 汤志钧：《戊戌变法史》，北京：人民出版社，1984 年，第 308 页。
② 汤志钧：《戊戌变法史》，北京：人民出版社，1984 年，第 309 页。

负委任”，将其“即行革职，永不叙用”；又斥其子陈三立佐助新政是“招引奸邪”，与江标、徐仁铸、黄遵宪等一并革职。[①] 尽毁湘学所著《学约》《界说》《札记》《答问》诸书，湖南新政尽废，封建旧制复辟。陈宝箴罢归故里，圈居西山崝庐。但西太后仍不肯罢休！眼中钉虽拔，心头恨未消，连一个为朝廷效命 40 余载，已是古稀之年的罢退官吏也不肯放过，竟下密旨将陈宝箴赐死。可见，“反改革者对于改革者的毒害，向来就并未放松过，手段的厉害也已经无以复加了”[②]。

“关于陈宝箴之死，80 余年来一直是个谜。陈三立所撰《巡抚府君行状》有过一段记载：‘府君生平所自得，盖非不孝所能测矣！（光绪）二十六年四月，不孝方移家江宁，府君且留崝庐，诫曰：“秋必往。”是年六月二十六日，忽以微疾卒，享年七十。卒前数日，尚为《鹤冢》诗二章。前五日尚寄谕不孝：“勤勤以乱来已，深宫起居为极念。”不孝不及侍疾，仅乃及袭敛。通天之罪，锻魂锉骨，莫之能续。天呼痛哉！……不孝既为天地神鬼所当诛灭，忍死苟活，盖有所待……敢先就府君当官施事追忆其大者略著于篇，不忍溢饰半辞诬吾亲重罪。’细读斯文，耐人寻味，根据文中疑窦推测，陈宝箴不可能是正常病亡，其理由是：

“第一，光绪二十六年四月，其子陈三立‘方移家江宁’，陈宝箴亦会同往，只是‘且留崝庐’，‘秋必往’江宁。此时可见其身心俱健，并无异常迹象。

“第二，‘卒前数日’，陈宝箴尚写《鹤冢》诗二章，颇具

---

① 李济琛主编：《戊戌风云录》，北京：金城出版社，2014 年，第 808 页。

② 鲁迅：《鲁迅全集·编年版》（第 3 卷），北京：人民文学出版社，2014 年，第 442 页。

雅兴，卒‘前五日尚寄谕’其子陈三立，嘱其处世谨慎。此时似仍安然无恙，并无不祥之兆，怎么会‘忽以微疾卒’呢？况且‘微疾’是不足以致命的。

“第三，陈宝箴死后，陈三立奔丧回籍，‘仅乃及袭敛’。其‘锻魂锉骨’悲哀欲绝之状似有难言的隐痛和愤懑，只得‘忍死苟活，盖有所待’。‘所待’什么呢？据此可推测：陈宝箴死得蹊跷，很可能是当朝顽固派所为。他们为解心头之恨，必欲除之而后快。清末士绅戴远传《文录》，为我们解开了陈宝箴死因之谜：‘光绪二十六年六月二十六日，先严千总公（名闳炯）率兵弁从巡抚松寿驰往西山崝庐宣太后密旨，赐陈宝箴自尽。宝箴北面匍伏受诏，即自缢。巡抚令取其喉骨，奏报太后。’这位当朝千总公戴闳炯之子的手稿终于解开了80年之久未曾解开的陈宝箴‘忽卒’之谜，揭示了陈宝箴蒙冤而死的真相。”①

无怪乎陈三立为父扫墓赋诗云：“孤儿犹认啼鹃路，早晚西山万念存。”② 他矢志不忘先父蒙冤遭屈，催人泪下的“啼鹃路”，时刻思念着为父鸣冤昭雪的心情便不难理解了。

1898年9月21日，慈禧太后发动戊戌政变，由颐和园入宫，宣布“训政”。于是“康梁事作”，“弹章遂蜂起。会朝廷所诛四章京，而府君所荐杨锐、刘光第在其列”。③ 10月6日，朝廷颁发上谕：“陈宝箴着即行革职，永不叙用。”这应该是朝廷最高权力机关的“终审”裁定。然而事隔一年零九个月

---

① 李济琛主编：《戊戌风云录》，北京：金城出版社，2014年，第808页。

② 《文史资料选辑》编辑部编：《文史资料选辑·合订本》（第87辑），北京：中国文史出版社，2000年，第147页。

③ 刘梦溪：《陈宝箴和湖南新政》，北京：故宫出版社，2012年，第236页。

之后，为何又“宣太后密旨，赐陈宝箴自尽”呢？其原因主要有二：

其一，“弹章遂蜂起”。陈宝箴被罢次日，福建道监察御史黄桂钧即奏参陈抚，斥“陈宝箴之保谭嗣同、杨锐，王锡蕃之保林旭，适以增长逆焰，助成奸谋。此当与发往新疆之李端菜一例重惩，仅予革职，不足蔽辜”[①]。11 月 27 日，山东道监察御史张荀鹤参奏，诬称陈宝箴在湖南所设保卫局“所用邪党劣绅，希图薪水，而候选道左孝同把持尤甚，不顾虐民敛怨，酿成乱端，且捏称商民情愿捐资，办有成效”。还无中生有，诬陈三立受贿贪污，蓄意落井下石、火上浇油，挑起慈禧对陈氏父子的憎恨。[②]

其二，祸起文廷式。文廷式，光绪进士，“四大公车”之一。因支持光绪帝掌权执政，反对慈禧干预朝政而遭其忌恨。9 月 28 日，慈禧发出谕旨，令“江西巡抚并江苏、湖北督抚密拿文廷式解京”或“拿获就地正法”。文廷式此时已潜逃至湖南，其江西同乡彭铭恭为邀功请赏，向尚未卸任的湘抚陈宝箴报告文的行踪。陈氏父子佯装捕人，实则暗通消息，令文廷式逃匿。[③]

文廷式学问精深，官至翰林院侍读学士，帝后之师。甲午中日战争爆发后，曾上奏皇帝弹劾李鸿章等降臣，又奏称太后干预朝政，牝鸡司晨，而触怒凤颜，遭遣丢官。日本有识人士赏识文廷式才学，认为此人与张总督（之洞）、陈巡抚（宝

---

① 郑海麟：《黄遵宪传》，北京：中华书局，2006 年，第 497 页。

② 刘梦溪：《陈宝箴和湖南新政》，北京：故宫出版社，2012 年，第 291 页。

③ 刘梦溪：《陈宝箴和湖南新政》，北京：故宫出版社，2012 年，第 295 页。

箴）属清朝博学多才的首领人物，事关未来清朝命运，他若被捕，难逃“菜市口”之命运。于是，日本有识之士决意要保护文廷式。文廷式得到日本人的保护，慈禧捕杀文廷式的图谋败露，后来当她得知陈氏父子参与文廷式捕案，助其逃匿之事，顿时火冒三丈。加之福建、山东两御史从旁参奏，其“落石”“浇油”之举，激发了慈禧对陈宝箴的旧恨新仇，于是她怒火中烧，觉得当初罢却陈氏惩处太轻，故对已是古稀之岁、风烛瓦霜残年的陈宝箴再补上一“枪”。①

慈禧太后担心她死后，光绪帝执政会清算她和顽固派的罪逆，故在自己垂危之际先行毒杀光绪帝以绝后患。连她自己的亲侄兼外甥（光绪帝）也不放过，那么对陈宝箴等重臣、大吏的荼毒也就不难理解了。

三、后人追思

在皇权至上、金口玉言的封建时代，陈宝箴被“赐死”，子孙敢怒不敢言，敢哭不敢怨，心中的悲伤和愤懑备受压抑。就算有“杜鹃啼血”的惨痛，陈三立也只能在《崝庐述哀诗》中寄托不可言明的愤懑和难以言状的哀思。“扶服崝庐中，气结泪已凝”，“今来倚阑干，唯有泪点斑”，“儿拜携酒浆，但有血泪涌”，“九幽益痛此”，“百哀咽松声”等诗句，把他对先父遭冤的惨痛和对朝廷妄为的愤懑淋漓尽致地宣泄出来，留下了可供后人研究晚清忠良陈宝箴的宝贵历史资料。现将陈三立《崝庐述哀诗》五首照录如下：

① 刘梦溪：《陈宝箴和湖南新政》，北京：故宫出版社，2012 年，第 295 - 296 页。

峭庐述哀诗[①]

（一）

昏昏取旧途，惘惘穿荒径。扶服峭庐中，气结泪已凝。
岁时辟踊地，空棺了不剩。犹疑梦恍惚，父卧辞视听。
儿来撼父床，万呼不一应。起视读书帷，蛛网灯相映。
庭除迹荒芜，颠倒盆与甑。呜呼父何之，儿罪等枭獍。
终天作孤儿，鬼神下为证。

（二）

架屋为层楼，可以望西山。咫尺吾母墓，山势与迴环。
龙鸾自天翔，象豹列斑斑。灵气散光采，机牙森九关。
其上萧仙峰，形态高且娴。雨如戴笠翁，妍晴立妖鬟。
云霞缭绕之，光翠回面颜。父顾而乐此，日夕哦其间。
渺然遗万物，浩荡遂不还。今来倚阑干，唯有泪点斑。

（三）

墙竹十数杆，杂桃李杏梅。牡丹红踯躅，胥父所手栽。
池莲夏可花，棠梨烂漫开。父在琉璃窗，颏唾自徘徊。
有时群松影，倒翠连古槐。二鹤毰毸舞，鸣雉漫惊猜。
其一羽化去，瘗之黄土堆。父为书冢碣，为诗吊蒿莱。
天乎兆不祥，微鸟生祸胎。怆恨昨日事，万恨谁能裁？

① 刘纳编著：《陈三立：评传·作品选》，北京：中国文史出版社，1998年，第61－62页。

(四)

哀哉祭扫时，上吾父母冢。儿拜携酒浆，但有血泪涌。
去岁逢寒食，诸孙到丘垄。父尚健视履，扶携迭抱拥。
山花为插头，野径逐汹汹。墓门骑石狮，幼者尤捷勇。
吾父睆之笑，谓若小鸡竦。惊飙吹几何，宿草同蓊茸。
有儿亦赘耳，来去不旋踵。

(五)

忆从葬母辰，父为落一齿。包裹置圹左，预示同穴指。
埋石镌短章，洞豁生死理。孰意饱看山，隔岁长已矣。
平生报国心，只以来訾毁。称量遂一施，堂堂待惇史。
维彼夸夺徒，浸淫坏天纪。唐突蛟蛇宫，陆沈不移晷。
朝夕履霜占，九幽益痛此。儿今迫祸变，苟活蒙愧耻。
颠倒明发情，踯躅山川美。百哀咽松声，魂气迷尺咫。

第十章 死别吞声　功垂青史名流芳

一、猝然长逝，今后世憾然

陈宝箴“忽卒”前夕，曾于峭庐自署门联以明其志：“天恩与松菊，人境拟蓬瀛。”尽管他将个人不幸埋藏于心底，“不易见诸形色”，然而“其所难言之隐”，如骨鲠在喉，难咽难吐；其“菀结幽忧”似九曲回肠，难屈难伸。[①] 含冤饮恨而去，实属死别吞声，是非功过孰轻重？留予后人说与评！“天恩”“松菊”虽不见，风范、事业今犹存。正如谭嗣同所云：“义宁陈抚部持节来，一意振兴新学。两贤交资提挈，煦翼湘人，果始丕变矣。至今日人思自奋，家议维新，绝无向者深闭固拒顽梗之谬俗，且风气之开，几为各行省冠。两年间所兴创，若电线，若轮船，若矿物，若银圆，若铸钱，若银行，若官钱局，若旬报馆，若日报馆，若校经堂学会，若舆地学会，若方言学会，若时务学堂，若武备学堂，若化学堂，若藏书

① （清）陈三立著，李开军校点：《散原精舍诗文集》（下册），转引自许刚：《国学而立集》，武汉：华中师范大学出版社，2013 年，第 47 页。

楼，若刊行西书，若机器制造公司，若电灯公司，若火柴公司，若煤油公司，若种桑公社、农矿工商之业，不一而足。”①陈宝箴是清末封建官员中具有早期资产阶级维新派思想的典型代表，是第一个积极支持戊戌变法的地方官员，是积极维新改革、振兴近代湖南的先行者，他所主持的湖南新政，在中国近代史上有标新立异的显著地位。“今天的中国是历史中国的发展”，研究总结这一宝贵的历史经验，“继承这一份珍贵的遗产”，作为当代振兴中华的历史借鉴，是很有现实意义的。②

二、回顾陈宝箴致力于“维新变法”的一生

陈宝箴从一个封建官僚转变为具有资产阶级维新派思想的先行代表，是有其社会、历史根源的。恩格斯早在 1859 年就说过：每一社会变革的“主要人物是一定的阶级和倾向的代表，因而也是他们时代的一定思想的代表”，他们的思想“正是从他们所处的历史潮流”中产生的。陈宝箴出身于书香门第的封建官僚家庭，从小受到《诗》《书》《礼》《易》的熏陶，有较好的文化教养。1860 年，“赴庚申会试落第”以后，他开始认识到封建社会的腐败弊端，滋生愤懑情绪，英法联军浩劫北京使他产生了忧国忧民的爱国思想。他指责清政府，“英夷”侵华以来，“要求渐广，猖狂益肆”，其“挟制之情，

① （清）谭嗣同：《与徐仁铸书》，《谭嗣同集》，长沙：岳麓书社，2012 年，第 290 页。

② 孙来斌主编：《民族精神　时代精神　共同理想——中国特色社会主义共同理想》，武汉：武汉大学出版社，2014 年，第 183 页。

日觉其逼”，朝廷却不问大计“而求苟安”。[①] 他躬亲灾赈之时，目睹民间“田庐榛莽，墟落萧条”，“饥羸满道”，“无所资生”的凄惨情景，很能体察人民痛苦，愤怒斥责朝廷“魑魅恣行瞰日下，坐视民疾苦，不为之所”。[②] 对于敲骨吸髓、鱼肉百姓的昏官墨吏“实堪痛恨”，尤其对那些因袭守旧的顽愚势力更是疾恶如仇，视之为三尺之冰，“积重难返”，常为此而摩拳擦掌，“扼腕附心长太息”。[③] 此时，他的思想开始转变，产生了变革现实的愿望，为其日后积极开展湖南的变法维新运动奠定了基础。

甲午中日战争中方战败之后，中国“大局之患已如燎眉”[④]，陈宝箴“四顾茫茫，椎心痛愤”[⑤]，“悬悬流涕”[⑥] 地说：“自此之后……群雄环伺，何以复支？”[⑦] 甲午炮声唤醒了一部分“先进的中国人”，以康有为、梁启超为代表的资产阶级维新派提出了“救亡图存”的口号，陈宝箴奋然崛起，接受康、梁的政治主张，以湖南为基地施展自己的抱负，营东南

① 汪叔子、张求会编：《陈宝箴集》（下），北京：中华书局，2005 年，第 1781 – 1782 页。

② 汪叔子、张求会编：《陈宝箴集》（下），北京：中华书局，2005 年，第 1789、1913、1999 页。

③ 汪叔子、张求会编：《陈宝箴集》（下），北京：中华书局，2005 年，第 1816 页。

④ 谌旭彬：《中国：1864—1911》，杭州：浙江人民出版社，2012 年，第 246 页。

⑤ 汪叔子、张求会编：《陈宝箴集》（上），北京：中华书局，2003 年，第 728 页。

⑥ 汪叔子、张求会编：《陈宝箴集》（下），北京：中华书局，2005 年，第 1992 页。

⑦ 汪叔子、张求会编：《陈宝箴集》（上），北京：中华书局，2003 年，第 727 页。

一隅“为天下倡”。至此，陈宝箴已由封建官僚转变为具有资产阶级维新派思想的先行代表。

陈宝箴从封建官僚中分化出来，积极拥护、参与变法维新，但他并没有完全脱离旧阶级的窠臼，他的思想上还留着旧阶级的胎痕。陈宝箴“也和他们的一切先驱者一样，没有能够超出他们自己的时代所给予的限制”[①]，在推行新政过程中，他的这些“胎痕”一再暴露出来，当湖南顽固派唆使湘籍京官“据情揭参”《湘报》之时，陈宝箴便妥协了，即传饬《湘报》“过于偏激，惊世骇俗，非处士所宜言”；[②] 当张之洞电嘱“随时留心救正”之时，陈宝箴骇愕汗下，急告秉三立即收回。此外，对《湘报》“亦常有矫激”[③]，并停发《湘报》每月二百两公款津贴。在封建顽固派的压力下，陈宝箴被迫以“维持风教厘正学术”为名，请饬康有为将宣传改革变法的《孔子改制考》自行销毁。在向光绪帝举荐新政人才时，陈宝箴一面誉称康有为是有“高世之行”的“一时奇士”，一面批评其有“偏右之辞”，“伤理而害道”，其“民权、平等之说炽矣”，还“逞其横议，几若不知有君臣父子之大防”；[④] 一面称赞四章京“志行可称，才识殊众”[⑤]，一面谓其“要资望轻而

---

① 中共中央马克思恩格斯列宁斯大林著作编译局编：《马克思恩格斯选集》，何华辉：《比较宪法学》，武汉：武汉大学出版社，2013 年，第 122 页。

② 李济琛主编：《戊戌风云录》，北京：金城出版社，2014 年，第 398 页。

③ 苑书义、孙华峰、李秉新主编：《张之洞全集》（第 8 册），石家庄：河北人民出版社，1998 年，第 7581 页。

④ 汪叔子、张求会编：《陈宝箴集》（上），北京：中华书局，2003 年，第 778 – 780 页。

⑤ 汪叔子、张求会编：《陈宝箴集》（上），北京：中华书局，2003 年，第 807 页。

视事易，为论荐张公之洞总大政”[1]，对一贯主张“本领要新、思想要旧”，极力破坏变法维新的洋务派头子张之洞也幻想倚用，自称“所拟定限制、广余兵之议”与张之洞“不谋而合”。[2]

其实，陈宝箴所行新政如学堂、学会、报馆、矿务等无一不是与封建顽固派相对立的资产阶级民主、民权、平等学说的产物，然而他又表示要防止维新派“民权平等之说泛滥”；既大力推行新政，又加以一定的抑制；既认为“泰西之学，均有精微”，冀图“取彼之长，辅我之短”，又对宣传“泰西之学”的《湘学报》、学堂“必遏其所渐，董理更张之”。[3] 陈宝箴对维新变法既“坚持定见”，又“稍涉游移”；[4] 对封建势力既敢于斗争，又有所妥协；既主张中国应当变法维新，“独知时变所当为”，又“不复较孰为新旧，尤无所谓新党旧党之见”。[5] 光绪帝下诏广开言路，陈宝箴既认为光绪帝“求言诚是也”，又“责之使言，而荡无限度，则且坏纲维，爚乱天下”，“有累圣聪”而“极谏，请必收成命”。[6] 陈宝箴对变法维新既“勇于任事”，又“务在救过”；对封建势力既敢于碰

---

① 刘梦溪：《陈宝箴和湖南新政》，北京：故宫出版社，2012 年，第229 页。

② 汤志钧：《戊戌变法人物传稿》（上册），北京：中华书局，1961 年，第403 页。

③ 谢冰：《戊戌变法时期的湖南巡抚陈宝箴》，《中南民族学院学报》1982年第 1 期，第 131 页。

④ 汪叔子、张求会编：《陈宝箴集》（下），北京：中华书局，2005 年，第2003 页。

⑤ 谭仲池主编：《长沙通史・近代卷》，长沙：湖南教育出版社，2013 年，第 314 页。

⑥ 汪叔子、张求会编：《陈宝箴集》（下），北京：中华书局，2005 年，第2003 页。

硬“义不返顾”，“不择毁誉祸福”，又妥协退让“而虑患深”。[①] 在这场变革中，既展示了他无私无畏的胆略，又充分暴露了他矛盾、犹豫、复杂的心理。这是中国资产阶级软弱性这一典型性格的真实写照。基于这一性格，陈宝箴对帝国主义则是敢怒敢言而不敢反，只能“捶案大号”以示愤怒而已；人民起来反帝，他又不许，甚至将“乡人所信重”的“海内忠义”、湖南“张揭帖攻泰西教”的民间勇士周汉“下之狱”,[②] 要求“民教相安无事”，做“中华礼仪之邦”，否则“从严惩办”。[③] 陈宝箴既没有反帝的思想意识，又缺乏彻底反封建的勇气，还害怕人民群众进行反帝斗争；他所寻求的只是不要改变封建制度而可以发展资本主义的改良主义道路。因而，他主持湖南新政只抱住一个皇帝，拉着几个维新人士，团聚一批新学人才，没有看到也看不到广大人民群众的力量所在；他虽然懂得“要救国，只有维新，要维新，只有学外国”[④] 的道理，但不懂得也不可能懂得只有“人民群众的英雄主义才能‘复兴’中国”[⑤]，即不可能懂得“求中国之自由平等”，“必须唤起民众，及联合世界上以平等待我之民族，共

---

① 汪叔子、张求会编：《陈宝箴集》（下），北京：中华书局，2005 年，第 2003 页。

② 汪叔子、张求会编：《陈宝箴集》（下），北京：中华书局，2005 年，第 2002 页。

③ 戴玄之：《义和团研究》，北京：北京大学出版社，2010 年，第 41 页。

④ 毛泽东：《论人民民主专政》，《毛泽东选集》（第 4 卷），北京：人民出版社，1991 年，第 1470 页。

⑤ ［苏］列宁：《中国的民主主义和民粹主义》，中共中央马克思恩格斯列宁斯大林著作编译局编：《列宁选集》（第 2 卷），北京：人民出版社，1972 年，第 428 页。

同奋斗”。[①] 这是因为他在思想上还有着原来那个阶级的“陈腐偏见，似乎只有所谓‘上层阶级’，只有富人或者受过富有阶级教育的人，才能管理国家”[②]。湖南乃至全国的维新实践已经证明：任何重大的社会变革“如果不依靠千百万人的哪怕是消极的支持”，杰出的天才领袖“就会束手无策”，即使是“最优秀的少数人也是无能为力的”。[③] 陈宝箴在这场激烈的新旧斗争中显得格外软弱无力也就不足为奇了。关于他的这些缺点，“这是要从历史条件加以说明”，绝“不可以苛求前人的”。[④]

在评价陈宝箴功过之时，历史唯物主义的“绝对要求，就是要把问题提到一定的历史范围之内”[⑤]。虽然陈宝箴在逐渐从封建官僚守旧思想向资产阶级维新派思想方向转变，“但是他毕竟受到了限制，首先是他自己的必然有限的知识的限制，其次是他那个时代的在广度和深度方面都同样有限的知识和见解的限制”[⑥]。这就是说陈宝箴受到了阶级和时代的局限，他所处的时代，黑暗、腐朽、昏庸得可以使“每一新制度、

---

① 袁家荣主编：《中国正史要略》，北京：团结出版社，2014 年，第 588 页。

② ［苏］列宁：《怎样组织竞争?》，中共中央马克思恩格斯列宁斯大林著作编译局编：《列宁选集》(第 3 卷)，北京：人民出版社，1972 年，第 395 页。

③ ［苏］斯大林：《和英国作家赫·乔·威尔斯的谈话》，《斯大林文选》，北京：人民出版社，1962 年，第 14 页。

④ 毛泽东：《纪念孙中山先生》，北京师范大学编写组编：《毛泽东选集》(第 5 卷)，北京：人民出版社，1977 年，第 193 页。

⑤ ［苏］列宁：《论民族自决权》，郭国祥：《马克思主义意识形态理论中国化、时代化、大众化研究》，上海：上海三联书店，2014 年，第 126 页。

⑥ 张周志等：《马克思主义哲学原典导读》，北京：中央编译出版社，2014 年，第 290 页。

新学术、新名词传入中国，便如落在黑色染缸，立刻乌黑一团，化为济私助焰之具”[①]。陈宝箴就在这个黑暗腐朽的封建社会面临内忧外患之时，奋起于败军之际，受任于国难当头之时，带着旧社会的“胎痕”，“背着因袭的重担，扛住了黑暗的闸门”[②]，抵挡了汹涌而来的守旧势力的冲击，冲破了封建顽固派的一统天下，在东南一隅开辟了一片预示中国光明前途的“新政”天地，这便是“东方的微光，是林中的响箭，是冬末的萌芽，是进军的第一步”[③]，在根深蒂固的封建社会的地平线上赢得这一“微光”，求得这一“萌芽”，迈开这“第一步”是何等的艰难。当然，“即使艰难，也还要做；愈艰难，就愈要做。改革，是向来没有一帆风顺的，冷笑家的赞成，是在见了成效之后”[④]，湖南新政这一开拓性成果“是在死了许多性命之后”，经过“许多历史的教训”，“都是用极大的牺牲换来的”，[⑤] 这不能不说是陈宝箴的一大历史功绩！究竟如何评价这一历史功绩？几乎就在陈宝箴推行新政的同时，列宁提出了一条历史唯物主义的标准：“判断历史的功绩，不是根据历史活动家没有提供现代所需要的东西，而是根据他们比他们的前辈提供了新的东西。”陈宝箴就任湖南巡抚期间，

---

① 鲁迅：《鲁迅杂文选集》，南昌：二十一世纪出版社，2013 年，第 314 页。

② 鲁迅：《我们现在怎样做父亲》，《鲁迅全集》（第 1 卷），北京：人民文学出版社，1981 年，第 140 页。

③ 鲁迅：《白莽作〈孩儿塔〉序》，《鲁迅全集·编年版》（第 10 卷），北京：人民文学出版社，2014 年，第 36 页。

④ 鲁迅：《中国语文的新生》，来凤仪选编：《鲁迅杂文》，杭州：浙江文艺出版社，2009 年，第 175 页。

⑤ 鲁迅：《今春的两种感想》，《鲁迅全集·编年版》（第 6 卷），北京：人民文学出版社，2014 年，第 814 页。

“籍匡不逮”，“极力图新”，振兴实业，劝谕农商，整肃吏治，举荐贤良，兴学办报，倡说救亡，无一不是“起衰救弊”的良方，渐次“睹见成功”。当时“湖南风气盛开，吏治亦称最”，“湖南负天下重望……各国报章交相赞美”，[①] 外国人士“引日本萨摩、长门诸藩”的明治新政“以相比”，赞誉“湖南之治称天下”。[②] 的确，“湖南新政时为全国各省之冠”，陈宝箴在全国各行省督抚之中，是推行新政最力之人，并且卓有业绩。他的新政事业不但比他的前辈“提供了新的东西”，而且也多少“提供现代所需要的东西”，尽管它只不过是资产阶级变法维新的一种“新的尝试”，还“不免幼稚”，可是“它恰如压在大石下面的植物一般，虽然并不繁荣，它却在曲曲折折地生长”。[③] 不管资产阶级维新派多么幼稚，多么软弱，但他们毕竟为了这“新的尝试”，为了“所信的主义，牺牲了别的一切，用骨肉碰钝了锋刃，血液浇灭了烟焰。在刀光火色衰微中，看出一种薄明的天色，便是新世纪的曙光”。[④] 为了追求这“新世纪的曙光”，陈宝箴和“戊戌六君子”一样，“为了救国，我愿洒了我的血”，深信“每一个人的牺牲，将有千百人站起来继续进行维新”的事业。[⑤]

陈宝箴一生“绝贫在官”，为人正直清廉，“所用人多清

---

① 汪叔子、张求会编：《陈宝箴集》（下），北京：中华书局，2005 年，第 1769、1990 页。

② （清）陈三立：《湖南巡抚先府君行状》，刘梦溪：《陈宝箴和湖南新政》，北京：故宫出版社，2012 年，第 128 页。

③ 鲁迅：《〈草鞋脚〉小引》，《鲁迅全集·编年版》（第 8 卷），北京：人民文学出版社，2014 年，第 64 页。

④ 鲁迅：《圣武》，《热风》，北京：人民文学出版社，1980 年，第 62 页。

⑤ 耿立：《晚清民国那些人》，北京：现代出版社，2014 年，第 298 页。

官”，能“视国家之急逾其私”，直至罢归故里，仍“囊箧萧然”，靠“假贷自给”，只落得一身正气，两袖清风，“当代贤杰最为服膺”，被称为“疆臣之冠”，受到光绪帝“屡诏嘉奖，特为倚用”，[①] 褒勉“督抚中之最贤而能任事之陈宝箴”，以期“激发疆臣之天良”。[②] 可见陈宝箴及其所行湖南新政无论在皇帝心目中，还是在全国范围内，都有一定的地位。他在民族危急之时奋起救亡图存的爱国思想，顺应历史潮流批判封建传统的斗争勇气，鼓励兴利革弊、扶持新生事物的鲜明立场，以及与顽固守旧势力“群起环伺、狂肆破坏之际，尚能布新除旧”，勇猛进击的大无畏精神，则是“封建官僚中之难能可贵者”。[③] 尽管陈宝箴“所立法，次第寝罢”，除“矿务已取优利，得无废”，“保卫局因绅民维持”而犹存之外，其“累年所腐心焦思、废眠忘食、艰苦曲折经营缔造者，荡然俱尽”，湖南新政在全国的影响和作用仍然是不可低估的。[④] 它不但较早地宣传了资产阶级民主思想，扩大了智识界的视野，为促使中国知识分子的思想解放迈出了可喜的第一步，而且猛烈地抨击了封建制度的传统观念，对资产阶级社会有了初步的认识和朦胧的憧憬，在封建社会土壤里点播了资本主义的种子，培植了资本主义的萌芽。陈宝箴所行新政使湖南“斯时智慧骤开，

---

① 汪叔子、张求会编：《陈宝箴集》（下），北京：中华书局，2005 年，第 1986、1993、2003 页。

② 翦伯赞等编，中国史学会主编：《戊戌变法》，上海：上海人民出版社，1957 年，第271 页。

③ 江西省政协学习、文史委员会办公室，修水县政协文史资料委员会合编：《一门四杰——修水陈宝箴、陈三立、陈衡恪、陈寅恪史料》，《江西文史资料·第五十二辑》，1994 年第二、三合辑，第 29 页。

④ 刘梦溪：《陈宝箴和湖南新政》，北京：故宫出版社，2012 年，第235 页。

如万流腾沸，不可遏抑”[①]，这种“对清朝腐朽统治之否定，实予资产阶级革命运动以一定激励”[②]。当革命形势尚未形成，革命要求尚未提出之时，它不仅代表了中国社会历史发展的必然趋势，而且在一定程度上也启示了后来的资产阶级民主革命运动。陈宝箴是首先响应维新变法主张的唯一的地方官员，是为湖南的新政事业受“赐”蒙冤而死的，他的业绩将永远彪炳于史册，激励着当代湖南的改革大业。他果敢无畏、勇于作为、清明廉洁的高尚品节，可视为当代主政官员的光辉典范，如果说斯巴达克是欧洲“古代无产阶级的真正代表”[③]，那么，陈宝箴不愧为近代中国变法图强、改革维新、振兴湖南的先驱。

---

① 汤志钧：《汤志钧史学论文集》，上海：上海社会科学院出版社，2013年，第40页。

② 汤志钧：《戊戌变法人物传稿》，北京：中华书局，1961年，第29页。

③ 张戈编著：《世界战争简史》，北京：中国文史出版社，2014年，第58页。

附录 陈宝箴奏折辑录

为时艰愈迫拟兴事练兵筹款折[①]

（光绪二十四年四月二十六日）

头品顶戴湖南巡抚臣陈宝箴跪奏，为时艰愈迫，谨拟兴事、练兵、筹款事宜，披沥密陈，专折仰祈圣鉴事：

臣维兵可不用，不可无备，语云："国虽安，忘战必危。"兵事不能有胜而无败，故用之不可不慎；及其既战，胜而不戢，败而不振，皆危道也。以今日大势言之，一败之后，无一队战舰，无数大枝劲旅，而晏然于群雄角立之时，地球无此一国；有之，未有能苟存者。中日战事以后，海军既熸，陆师亦撤遣殆尽。向来中国士卒，惟以胆力制胜，榜人耕夫皆能杀敌致果，故仓猝可以陈师；今则船械迥殊，非素练不堪为用。而自有二百兆赔款以来，百端皆废，鉴前此养兵之无用，而不能更储有用之兵，束手坐困，为外人之所蔑视，未有甚于此时

① 国家档案局明清档案馆编：《戊戌变法档案史料》，汪叔子、张求会编：《陈宝箴集》（上），北京：中华书局，2003年，第723－728页。

者。胶湾之事，覆辙相寻，割地赔款，安有已时？尤恐将无筹款之地，且使内地不逞不徒、辍耕陇上者，亦将睥睨太息而无忌也。事势至此，能不寒心？此微臣所以痛愤填膺而不能已于言者也。窃惟天下非常之变，必有度外之举以拟其后，今日之赔款、练兵，非仅制节谨度、综核操切之方所能济也。臣忧愤所积，日夜念此，怀不能忘，谨以兴事、练兵、筹款之说，不揣冒昧，为我皇上密切陈之。

泰西富强之基，原于商务，目前所可仿行者，莫如铁路、矿务两事。然此两事，皆非巨款不成，非得人不办，华商赀本有限，所集商股，类多出自洋人，且有洋商假华人承办为名，而坐收其利者。与其暗以大利与人，不如明与其办，而利权得操之自我。窃谓宜以现款先造铁路数段，一面议以抵借各国商款，次第兴造川、陕、滇、晋枝干之路，即芦汉、粤汉、苏镇等路工款，公司尚无成局，均一律官借官支。除雇用洋工师外，慎选廉能可信之员，分投办理。所有余利，每年以五成抵还借款，而以五成取赡国用。又与洋商合开各省矿产，成本、余利，均以我六彼四为则，亦分年抵还本利。彼既与我合股，自能精选矿师，讲求办法，无虚糜之财，无弃地之货，数年之后，铁路渐成，矿产日辟，流通外国，则利源日广。初用官本合办以为之导，俟有成效可睹，再集华股作为公司，与民共之，此兴事之说也。

路、矿两事既办，一面即于外国借购大小战船、雷艇共二三十艘，成一舰队。各国在华商务，惟英得十分之七，兵船来华保护商务者，亦惟英最多，莫如即于英国借购兵船、炮械、将卒俱乃其旧。如前此陆师之用戈登，水师之用郎威理，并使教练华人，缺出即补，十余年后，即可悉用华人。约计船、炮等价五千万两，约以二十年为期，分年归还，每年合二百五十万两，岁需养船之费亦约二百五十万两，另筹给发。本年英人曾许借款，为俄所格，今借购船、炮以兴舰队，仍用英人，在英可减来华保商之船，而中国既振，英之商利可以长保。英以商为国，其命脉全在通商，况吾华地大物博，英之财货遍行各省，华若有事，英人岂能仍保十有其七之利权？通财协力，我以保民，英以保商，无俟密约联盟，邦交自固。由是更与日本相结，三国合纵，势将无敌，计莫便于此者。此练兵之说也。

船价与英船之费，每年共需五百万两，目前即欲取铁路、矿务两端，势难骤得。又兼有抵借之英、俄银行偿款及昭信股票之款，虽目前藉以腾挪，终竟必须归结，似宜内外兼筹，乃能有济。外筹之策曰“加洋税”。闻上年加税之议，英外部沙士渤雷令港、沪商会会议，英商等禀复，谓“能拓商务，自能议加”，是此事尽可筹办。西人论商务，惟虑货物之不流通，而不甚计税之加减。五大洲税则，无如中国之轻者。欧洲诸国通例：“凡通商口岸，各国均不侵占。”前兵部侍郎郭嵩焘使英时，英外部告以“中国旅顺口为海滨形胜重地，亟须经营，勿为他人据此要害。如力有不及，则令各国设埠通商，可免侵占之患”。由今日观之，是通商之益，转更足自固藩篱。近日两江总督臣刘坤一拟请以吴淞口为商埠，盖亦以此。宜请特降谕旨，饬下总理各国事务衙门与各省将军、督抚等会议，各省可以设埠地方，无论何国，悉准通商，惟须查照外国商埠通例，详定节目，尤不准划作租界，以保事权而杜嫌衅。至于各海口税则，应与酌议加增，但取各国税则之轻者为准，惟行之必期核实。议以子口半税加入正税，是为值百取七五，再加二五，统为值百取十，亦即较各国为轻。查子口半税，以入口货税每年六百余万两计，半税应额征三百余万。乃近十年中，关册岁征只有五十万，其弊在洋商报税偷漏，用单重复。

如于入口时统征此款，即岁增三百余万。通商税则本于粤关，税则又承乾、嘉、道、咸之旧，今昔货价贵贱悬殊，有今日值价一百，而册中仅值七八十、五六十，甚至有一二十者。今议订税则，尽将旧则货名、货价删除，统作为值百之货取十，照日本改定海关税章，货价照时值估算，此款又可增数百万两。进口之货，旧则概填某货某价，收银几元，今英镑之贵较前增倍，而海关收银如旧，是值百不过取二五耳。今若照各国通行之例，每价值十镑，征税一镑，以该国肆市之购单，海关之报册为凭，此款又约可增二三百万。合计已增千万。光绪二十二年海册，共征银二千一百三十八万有奇，内洋药厘金四百余万，实有一千七百余万。今将值百取五改为取十，即骤增一倍。又况旧则名为取五，实不及二、三，今议名增二五，而镑价、货价、子口税一概核实，不啻实增七、八。湖南盐法道黄遵宪，久悉外洋及中国海关情形，臣与之再四筹商，据称："详细核计，加税之法行，每岁必增二千余万两。"此实中国元气所关、富强之本，当以全力注之。但非能为彼展拓商务，恐无成耳。臣闻此事英曾允商，惟我此时情势，未敢决其可行，若许以多给口岸，彼利其商务之畅通，必应首允，英允而各国可徐图矣。在我遍开口岸，不惟无损有益，且我所必保之地，皆各国共保之地，而地方有磐石之安，但不可独令一国专之耳。此筹款之说也。

内筹之策曰"均民捐"。劝捐最多流弊，名虽为"劝"，实不免于抑勒，常有绅富坐拥厚赀，或以势抗，或以贿免，而不捐一钱者。又有中人之家，仅能温饱，而强其力之所不及，因而破产倾家者。咸丰、同治年间，前两江总督大学士臣曾国藩、前湖南巡抚升任四川总督臣骆秉章，曾奏行随粮捐款，每地丁一两，约捐银数钱，漕称之名曰"助饷捐费"，于完纳正供时输纳，给以捐票，票内注明："俟军务事竣，即行停止。"较之别项劝捐，无抑勒之苦，无不均之患，无格外之需索扰累，士民至今称为最便。今四川岁仍奏行，名曰"津贴"，盖即本此。若由户部查取江南、江西、四川等省曾、骆奏行成案，通饬一律仿行，仍稍为变通，改银为钱，每地丁一两，捐钱六百文，尤免胥吏折扣平色、蒙混乡民等弊，即名之曰"兵船捐费"，票内声明："俟筹有他款，即行停止。"既有咸、同间成案可循，又正其名曰"捐费"，非若税亩加征之永为定额可比，不背"永不加赋"之祖训。合各省计之，约岁可得银五百万两。以湖南、北田粮核计，岁收租谷百石之家，捐费多者，不过千余文，所取于民无多，而有计于公实巨。其有赋额过重之区，准由督抚酌核变通，奏明办理。当此时局艰危，较咸、同间尤不可测，非资民力，何以保国保民？此举视铺税尤无流弊，今铺税业已停办，士民既蒙圣慈体恤之仁，又知此款实为保民而设，食毛践土之伦，自无不甘心乐捐者，此又筹款之一说也。

以上所陈铁路、矿务、洋税三端，如能切实办理，则随粮捐费可停，而富强之基以立，水师既振，并练陆师，又于此时力行新政，培养人才，讲求交涉，则国不空虚，而强邻不敢侮矣。臣于光绪二十一年以直隶布政使办理湘军粮台，比闻马关赔款之约，不禁拊膺痛恨，以为自此之后，水陆战备将不可设，群雄环伺，何以复支？嗣见户部奏称："现在中外相交，兵事利钝已可概见，谋国者只当以筹还赔款为急务"等语，以为户部任赔款之责，深苦其难，其以赔款为急固宜；若谋国者鉴于兵祸，遂欲去兵，而亦只以赔款为急，不惟款不胜赔，且将何以为国？犹幸胶湾之役，各国相乘虽极强横，尚各有所牵掣，否则，已有不忍言者矣。

臣渥蒙恩遇，无能报称，睹此安危之机，间不容发，仰维我皇上宵旰忧勤，不禁四顾茫茫，椎心痛愤，用敢不避出位之嫌，沥摅愚悃，伏恳圣明俯赐神断，将臣此折密交总理各国事务衙门、督办军务王大臣等，详加核议，妥筹办理，以维大局而挽危机，不胜恳切悚惶之至。为此恭折密陈，伏乞皇上圣鉴训示。谨奏。

光绪二十四年五月二十四日奉朱批："著总理各国事务衙门妥速筹议具奏，片并发。钦此。"

请厘正学术造就人材折①

（光绪二十四年五月）

奏为请旨厘正学术，以期造就人材、维持风教，恭折仰祈圣鉴事：

窃维自古国家登进材，内以裨补主德，外以经纶庶务，其德行事功之所表见，言论风采之所流被，天下之士慕而效之，学校奉为楷模，草野寖成风俗。是以群材有奋兴之几，国家无乏材之患。此圣贤之君所以陶冶人伦、鼓舞一世之微权也。

臣窃见数月以来，皇上轸念时艰，锐意作新之治，通饬京外设立大、小学堂，变更科举，改用策论试士。伏读光绪二十

① 据叶德辉辑著《觉迷要录》（光绪三十一年乙巳夏刊本），第13－16页。原折附于戊戌八月二十一日上谕后，题为"附陈宝箴奏厘正学术造就人材折"。今题系编者拟加。上奏时间据光绪二十四年六月十八日上谕推算，约在该年五月。按：此折另录于王先谦《虚受堂书札》（光绪三十三年丁未秋刊本）卷一，第40－45页，附于《再致陈中丞》后，题为"附原奏稿"。题下注："闻此折未上，存之以志一时辩论缘起。"见汪叔子、张求会编：《陈宝箴集》（上），北京：中华书局，2003年，第777－781页。

四年四月二十三日及五月初四日上谕，谆谆告诫，深切著明所以振国是、作士气、同风俗，其道举，莫能外。跪诵再三，诚庆诚忭。宇内冠带之伦，靡不感激涕零，钦仰宸断，诚千载一时，振兴之机也。又恭阅邸抄，五月初四日康有为、张元济预备召见，尤仰见皇上锐意求材，不拘资格，群情鼓舞，迥异寻常。臣尝闻工部主事康有为之为人，博学多材，盛名几遍天下，誉之者有人，毁之者尤有人。誉之者无不俯首服膺，毁之者甚至痛心切齿，诚有非可以常理论者。臣以为士有负俗之累而成功名，亦有高世之行而弋虚誉，毁誉不足定人，古今一致。近来屡传康有为在京呈请代奏折稿，识略既多超卓，议论亦颇宏通，于古今治乱之原、中西政教之大，类能苦心探讨、阐发详尽，而意气激昂慷慨，为人所不肯为，言人所不敢言，似不可谓非一时奇士，意其所以召毁之由，或即其生平才性之纵横、志气之激烈有以致之，及徐考其所以然，则皆由于康有为平日所著《孔子改制考》一书。此书大指推本《春秋公羊传》及董仲舒《春秋繁露》，近今倡此说者为四川廖平，而康有为益为之推衍考证。其始滥觞于嘉、道，一二说经之士，专守西汉经师之传，而以东汉后出者概目为刘歆伪造，此犹自来经生门户之习。

逮康有为当海禁大开之时，见欧洲各国尊崇教皇，执持国政，以为外国强盛之效实由于此。而中国自周秦以来政教分途，虽以贤于尧舜、生民未有之孔子，而道不行于当时，泽不被于后世，君相尊而师儒贱，威力盛而道教衰，是以国异政、家殊俗、士懦民愚，虽以嬴政、杨广之暴戾，可以无道行之，而孔子之教散慢无纪，以视欧洲教皇之权力，其徒所至，皆足以持其国权者，不可同语。是以愤懑郁积，援素王之号，执以元统天之说，推崇孔子，以为教主，欲与天主耶苏比权量力，以开民智，行其政教。而不知圣人之大德配天，圣人之大宝曰“位”，故曰：“虽有其德，苟无其位，不敢作礼乐焉。”欧洲教皇之徒，其后以横行各国，激成兵祸战争至数十年，而其势已替，及政学兴、格致盛，而其教益衰，今之仅存而不废者，亦如中国之僧道而已。

当康有为年少时，其所见译出西书有限，或未能深究教主之害与其流极所至。其著为此书，据一端之异说，征引西汉以前诸子百家，旁搜曲证，济之以才辩，以自成一家之言，其失尚不过穿凿附会。而会当中弱西强，黔首坐困，意有所激，流为偏宕之辞，遂不觉其伤理而害道。其徒和之，持之愈坚，失之愈远，嚣然自命，号为“康学”。而民权、平等之说炽矣。甚或逞其横议，几若不知有君臣父子之大防。《改制》一编，遂为举世所忿疾，其指斥尤厉者拟为孟氏之辟扬墨，而康有为首为众射之的，非无自而然也。第臣观近日所传康有为呈请代进所辑《彼得变政记》折稿，独取君权最重之国以相拟议，以此窥其生平主张民权，或非定论。独所撰《改制》一书，传播已久，其徒又类多英俊好奇之士，奉为学派，自成风气。即如现办译书局事务举人梁启超，经臣于上年聘为湖南学堂教习，以尝受学康有为之门，初亦间引师说，经其乡人盐法道黄遵宪规之，谓“何乃以康之短自蔽”，嗣是乃渐知去取。若其他才智不逮，诚恐囿于一隅之论，更因物议以相忿竞，有如四月二十三日谕旨所谓“门户纷争，互相水火，徒蹈宋明积习，于时政毫无裨益”者，诚可痛也。

自古畸人才士，感事伤时，嫉愠痛愤，其所述作每多偏诐不平之弊，及其出为世用，更事渐多，学亦日进，因而自悔少作者不一。其人好学近智，知耻近勇，有独至之气者必有过人之长。我皇上陶铸群伦，兼收博采，康有为可用之才、敢言之气，已邀圣明洞鉴，当此百度维新、力图自强之际，千人之诺诺，不如一士之谔谔，谓宜比之狂简，造就而裁成之。可否特降谕旨，饬下康有为即将所著《孔子改制考》一书板本自行销毁。既因以正误息争，亦藉可知非进德，且使其平日从游之徒，不至咪咪然胶守成说，误于歧趋。于皇上变通学校、转移人才之至意，亦可以风示朝野矣。如康有为面从心违，以欺蒙为唐塞，则是行僻而坚、言伪而辩之流，将焉用之？窃揣康有为必不至此。

臣为厘正学术，以期造就人材、维持风教起见，谨专折具陈。是否有当，伏乞皇上圣鉴训示。谨奏。抚署案卷[①]。

密保京外贤能各员折[②]

（光绪二十四年六月十八日）

头品顶戴湖南巡抚臣陈宝箴跪奏，为密保所知京外贤能各员，恭折仰祈圣鉴事：

窃臣恭奉谕旨，饬令各省督抚保举所属道府州县各员，业于另折胪陈圣鉴。惟是国家当力图振兴之会，庶政方新，需才尤众，凡为臣子，具有天良，苟其人有过人之长，为平日所深悉。自当不限方域，毕以具陈，庶几上副圣主图治之怀，下逭人臣窃位之咎。是以不揣冒昧，谨将臣耳目所及京外各员，择其名位未显而志行可称、才识殊众、为臣素所知信者，共得十

---

① 此四字应系《觉迷要录》辑著者交代奏折出处，现予保留。《虚受堂书札》则无此四字。

② 国家档案局明清档案馆编：《戊戌变法档案史料》，汪叔子、张求会编：《陈宝箴集》（上），北京：中华书局，2003 年，第 806 – 808 页。

有七员，谨缮清单，各具考语，随折上陈。虽自知知识凡下、闻见未周，诚不免挂漏贻讥、品题失当，而区区以人事君之谊，不徇一己之私昵与流俗之毁誉，则差可质诸衾影而无惭耳。

所有密保所知京外贤能各员缘由，谨附开清单，专折具陈，伏乞皇上圣鉴。谨奏。

附“密保京外贤能各员清单”：

谨将密保所知京外贤能各员，出具考语，恭呈御览：

降调前内阁学士陈宝琛：才力精果，学有本原；近更务求平实，并究心泰西政学。忠爱之悃，惓惓不忘。

内阁候补侍读杨锐：才学淹通，志性端谨；切究当世之务，绝无浮夸之习。

礼部候补主事黄英采：通晓中外政治得失，识练才长。

刑部候补主事刘光第：器识闳远，廉正有为。

广东候补道杨枢：操履端谨，才猷练达。由同文馆学生派充出使日本翻译、参赞、领事多年，洞悉中外交涉情形，办理洋务随机因应，洞中肯窾，洵为今日难得之才。

广东试用道王秉恩：才识敏练，果毅有为。在湖北办理机器纺织等事，屏除积习，卓著成效。

江苏试用道欧阳霖：才气开张，勇于任事；理繁治剧，精能绝人。往在郑工筹办秸料，创行河运之法，省费便民，足为河工程式，前协办大学士李鸿藻深加契赏。

江西试用道恽祖祁：开敏精勤，才能肆应。近办湖北工赈，切实精到，舆颂翕然。

江西试用道杜俞：通达治体，谙习时务。于中西兵事精心考究，多有心得。近年统带江南防营，深资得力。

湖北候补道徐家幹：才识明通，讲求经济之学。迭次办理教案，操纵得宜，能持大体。

江苏候补道柯逢时：学识正大，践履敦笃；孜孜讲求吏治，必期切实可行。

奏调北洋差遣、湖北试用道薛华培：器局开明，才识练达。在湖北办理淮军转运十余年，综核精密，积弊一空。

奏调北洋差遣、候选道左孝同：该员为前大学士左宗棠之子，志识通敏，晓练世务，奋往之气，肆应之才，实足有为。

记名简用道、两淮海州盐运分司运判徐绍垣：存心利物，勤恳周至，不恤其私，而恢张干练之才足以济之。在任十余年，办理盐场及地方兴利除害事宜，裨益实多，商民称颂不置。

浙江杭州府知府林启：才器闳达，力图新政，迥殊俗吏。

江苏常州府知府有泰：为守兼优，忠爱恻怛之忱，尤为难得。

四川邛州直隶州知州凤全：干练勤能，整饬吏治，舆情悦服。

以上共计一十七员。

汇报湘省赈捐各款数目并援案保奖折①

（光绪二十四年三月二十六日）

头品顶戴湖南巡抚臣陈宝箴跪奏，为湖南筹办灾赈事竣，所有收支银钱、谷米各款数目核实，援案开单汇报，恭折仰祈

① 中国第一历史档案馆：《光绪朝朱批奏折》，汪叔子、张求会编：《陈宝箴集》（上），北京：中华书局，2003 年，第 681 - 683 页。

圣鉴事：

窃照光绪二十一年湖南长沙、衡州、宝庆等府所属地方被旱成灾，饥民乏食，经前抚臣吴大澂暨臣先后会同前兼护督臣谭继洵奏恳截留漕折银三万两，并以灾区甚广，饥民众多，司局库款支绌，不敷赈济，奏请仿照直隶省现办赈捐章程，开办湖南赈捐。光绪二十一年十月二十四日经户部议准具奏，本日奉旨："依议，钦此。"咨行到湘，当经分别飞咨各省查照，并转饬照章劝办去后。兹据湖南筹赈总局司道等详称，承各京官暨各省督抚司道、文武员绅，不分畛域，或捐廉倡导，或劝谕输将，用能筹集巨款，源源解济。并先经由局挪借存储仓谷，详蒙遴派员绅，会同各该地方官，亲赴各区稽查，核实散放。统计收支银钱、谷米，自光绪二十一年十二月开办赈捐起，一年限内，共收捐及各省挪垫，共银七十五万四千二百二十二两七钱二分五厘，制钱七万二千九百二十七串五百八十七文，大、小银圆折合大银圆二十一万三千二百六十五圆八角，谷一十三万四千二百七十四石六斗四升，米九千三百六十四石九斗一升六合。除支发银钱、谷米及提存采买备荒谷价另单开报外，现存银一万一百二十四两八钱九毫，银圆九千三百三十圆二角，存俟归还江苏借垫银一万两、广西借办谷五千余石并米三百余石之用。

至此次办理筹赈，实属涓滴归公。凡应赈灾区，先由地方官查明灾歉分数，禀由臣饬委廉干员绅，或遴选本地公正绅士，亲赴各乡，确查户口，分别轻重，灾重则赈多，灾轻则赈少，核实散放，并不假手胥吏。其中或折发银钱，或径发谷米，因地制宜，穷黎咸便。其流离转徙饥民，随时资遣回籍。所用之款，靡不实事求是，绝无丝毫浮冒。仰沐皇恩广被，感召天和，二十二年秋收有成，年积谷丰稔。旋因澧州、永顺所属小有偏灾，亦经臣分别奏明散赈。随据各属地方官及承办员绅将收支各款分晰开单，先后送局，由该司道等督同局员复核，具详请奏前来。臣复加确核，委系实用实销，理合援照顺直奏准成案，谨将收支各款汇开简明清单，恭呈御览。仰恳天恩，俯准饬部核销，照案免造细册，以归简易。

其此次筹赈开捐，本属强弩之末，彼时各省赈捐，四出劝办，更属为难，乃承各京员捐资倡率，各省官绅极力筹凑，并挪款垫解，先其所急，而直隶督臣王文韶、两江总督刘坤一、两广督臣谭钟麟，筹济之殷，款巨时速，灾黎尤赖保全。其本省在事员绅，或敦劝输捐，勤恳臻至；或查灾散赈，心力俱疲。并承大理寺少卿盛宣怀倡率，前上海道黄祖络、义绅谢家福等广为筹捐，垫凑巨款，义绅严作霖等驰驱远道，亲历灾区，散义赈于极贫，辅官赈之不足。当夫哀鸿遍野、待哺嗷嗷，正恐独力难持，幸荷众擎并举。盖湘民多有散勇归农，习成游惰，半年尚虞管乏食，歉岁更难谋生，其时危苦情形，较他省尤为可虑，幸能迅速赈抚，罔或后时，不惟立拯穷黎，更有潜消隐患，曲突徙薪，不无微劳足碌。除黄祖络，义绅谢家福、严作霖等捐助散赈银十二万两，业经大理寺少卿盛宣怀咨请奏明，拟照晋边助赈成案，悉由北洋大臣专案奏咨外，此次湘赈，奏明依照顺直赈捐章程办理。所有各省、本省在事出力员绅，应请援照顺直办赈成案，择尤保奖，借资鼓励。除清单咨送户部核销外，理合会同湖广总督臣张之洞恭折具陈，伏乞皇上圣鉴训示。谨奏。

朱批："准其择尤酌保，毋许冒滥。余依议。"

开办湘省矿务疏①

（光绪二十二年正月二十八日）

（头品顶戴湖南巡抚臣陈宝箴跪）奏，为拟办湘省矿务，设局试行开采，冀苏民困而浚利源，恭折仰祈圣鉴事：

窃维湖南山多田少、物产不丰，而山势层叠奥衍，多砂石之质，类不宜于树艺，惟五金之矿多出其中，煤、铁所在多有，小民之无田可耕者每赖此以谋食。近年洋铁盛行，利源渐涸，惟煤尚可通行，然纯用土法开采，工巨利微，未几即畏难中止。其矿产素盛、久经封禁之区，遂时有人潜往盗采，获利稍厚则群起相争，斗讼纷起，地方牧令封禁因之愈严，贫民恐自塞其衣食之途，常有斗杀致毙多命而隐忍不敢举报者，重利轻生，其情极为可悯。光绪二年，臣陈宝箴卸署辰永沅靖道事回省，曾备言其状，谓“宜及时经理，不可使天地自然之利所以养人者转以害人”，前抚臣王文韶正拟试办，旋奉命内用，事遂中辍。上年五月，兼护督臣谭继洵遴委通晓矿事员弁查勘湖南诸矿，周历衡、永各府，所得铅、铜、煤矿已十余处，于民田、庐墓一无妨碍。

臣到任后，适值农民歉收，每县乏食饥民，多者至四五十万口，近省浏阳、醴陵两属，私掘矿砂者日常数千人，地方官

① 据湖南矿务局光绪己亥年刻本《湘省矿务局章程》。原题为“陈中丞宝箴开办湘省矿物疏”，题下署“光绪二十二年正月二十四日”，篇末有批：“三月十二日接回原折，奉朱批：‘所奏甚是。该抚其悉心妥办，以观厥成。钦此。’”按：此折另见《光绪朝朱批奏折》，所奉朱批同，唯上奏日期署“光绪二十二年正月二十八日”。见汪叔子、张求会编：《陈宝箴集》（上），北京：中华书局，2003年，第95－97页。

赈抚弹压，岌岌可虞，由省迭派营勇分途防范。因思荒政通山泽之利，古称“禹汤有水旱灾，于是铸金为币，以救民困”，是开矿之举行之歉岁，尤为急务。而近年内外臣工疏陈开矿事宜，俱蒙圣恩俯准，立见施行，如开平煤矿、大冶铁矿，尤有成效可睹，诚以今日公私匮竭，非广开利源，渐塞漏卮，无以为自强之本计。

谨查康熙五十二年大学士九卿议奏云南等省开矿事宜，奉上谕：“天地自然之利，当与民共之，不当以无用弃之，要在地方官吏处置得宜，毋致生事耳等因。”又乾隆三年奉上谕：“两广总督鄂弥达议复提督张天骏‘矿山开采，恐滋聚众’之奏，据称：‘铜矿鼓铸所需，且招募附近居民，聚则为工，散则耕作，并无易聚难散之患。’地方大吏原以整顿地方，岂可图便偷安，置国计于不问？张天骏藉安靖之名，为卸责自全之地，著交部议处等因。钦此。”圣训昭垂，炳如星日。

臣仰蒙圣恩，俾守兹土，当此时局艰难、度支日绌，凡有可以稍裨国计民生者，分应殚竭愚忱，尽其力之所能及。况值湘省旱灾，截漕备赈，仰烦圣廑，矿产为自然之利，正宜设法经理，少佐赈需。且行之目前，既可以工代赈，如渐办有成效，尤可次第推广，以为练兵、制械之资，冀补库藏之所不逮。

拟于省城设立矿务总局，委候补道吴锦章总理其事，仿前湖北巡抚臣胡林翼创办厘金取刘晏采用士人之法，择湘士之有志节识度、不为利疚者，量才委用，南、北洋及各处熟谙矿务机器之人，亦即随时商调，以资指臂。先择铜、煤、铅、磺等矿较有把握之处试行开采，目前需费无多，可无庸预为筹备，应用机器，如湖北铁政等局有可借用者，暂为通融，俟稍有成效，再行酌议集资抽税章程，奏明请旨。总期行之以渐、持之以恒，先程尺寸之功，徐图扩充之效，庶期杜争竞而息觊觎，尽其分之所当为而已。

所有拟办湘省矿务，设局试行开采，冀苏民困而浚利源缘由，理合会同兼护湖广总督臣谭继洵恭折具陈，伏乞皇上圣鉴训示。谨奏。

朱批："所奏甚是。该抚其悉心妥办，以观厥成。钦此。"

湖南矿务章程摘要[①]

为出示晓谕事：照得本总局奉抚部院奏委办理矿务，现经刊订章程，慎选矿地，次第开采。惟办法有一定不易之规，亦有随时变通之处，除俟体察情形再行酌妥外，合行摘录大要，晓谕通属各府州县商民人等，俾得周知，以期疏利源而裕国课。切切特谕。

计开：

总局章程摘要五条

一、办法。由官督办，不招商股者，曰"官办"；招商入股者，曰"官商合办"；由商请办，官不入股者，曰"官督商办"。官办、官商合办者，由总局委员经理；官督商办者，由商人自行经理，惟分别给收砂护照，或派员抽收砂税、炉税。

一、矿质。无论何种矿质，拟请开采者，均须先行呈报总局察验，有非民间所能开采者，如硝、磺、安的摩尼、别斯末斯、臬客尔、金砂等类归官办外，其余或应归官办，应归官商

① 据《时务报》第二十册（光绪二十三年二月十一日出版），原题为"奏办湖南矿务总局章程"。见汪叔子、张求会编：《陈宝箴集》（上），北京：中华书局，2003年，第97－102页。

合办，应归官督商办，均由总局随时相地斟酌，批示照行。

一、转运、销售、缉私。所有官办、官商合办及官收各种矿砂，须运出销售者，由该矿局员分别运解各转运局或省城，堆栈收存，仍由总局督理销售。凡各局中办公人及商民人等，均不得私运私销。由抚宪通札各厘局委员严行缉访，一经查出，将运卖之砂概行折价给赏。若局中办公人等有串通知情等弊，必再行分别严办。

一、抽税、免厘。官办、官商合办、官督商办各矿，均应抽税。惟创办之初，未能畅旺，应暂免其抽收；一俟稍有成效，即行酌定税则，由抚宪汇案咨部。将来各矿，业经抽税者，所有厘金概行豁免。

一、提红。所开各矿，凡属官办、官商合办者，每年除提税、提息、提经费外，所有赢余，应俟试办一年后，由总局于年终汇数核算，酌提红成若干，分别摊匀，以为各该地方善举，及各转运局、各分局厂绅员、司巡人等，与该地方出卖、出租，开窿依脉指定十里、三里内业主奖资。至各矿地方官、营汛各员，亦由总局于此项内酌派津贴，禀请抚宪裁夺施行。官督商办者，由商人自行经理，不在此例。

官办章程摘要三条

一、矿地。由总局派员，与矿师登山查勘，如矿质果旺，坟墓在禁步外，田地、庐舍又皆无妨碍（所有妨碍之坟墓、田庐，民人自愿迁改、拆毁、卖出者，除田地照时价优给外，坟则量予迁费，庐舍则量予修造之费，临时酌办），再行开办。该山除官地不论外，若系民人私业，照原契价，从优契买入官。矿地之外，或有占据之处，或有妨碍地方，亦量予优价，酌买入官。抑或业主自愿出租，亦可分别酌给租价，按年计算，再由矿师体量。遇有大矿用机器开采者，仿开平例，依脉十里内，无论何人之业，均不得另开窿口；其小矿用人力开采者，依脉三里内，无论何人之业，均不得另开窿口。均要指定一窿起算计里，不得游移，以图多占地段。

一、矿炉。先拟于省会择地设立洋炉，专炼所采所收之银、铜、安的摩尼、别斯末斯、臬客尔等砂。其煤矿、石硝之类，可以就各处提炼者，于该矿扼要地方另立炉局。所有一切应办事件，即责成该矿委员经理。

一、严束丁勇。援照滇南、开平矿务例，凡局厂准设枷、笞两项刑具（炉局、转运局、收砂局不在此例）。遇矿丁、局勇有不法之事，或在外滋扰，由委员督查审讯，量予枷笞。如所犯过重，及地方痞棍入厂滋扰者，仍移送地方官究惩。其有须调防营分驻弹压者，随时酌量禀请。

官商合办章程摘要十一条

一、矿地。

一、矿炉。

一、严束丁勇。以上三条，与官办章程同。

一、经费。由该矿委员于所集官商股本内尽数支用，不得另行领款。

一、股分。由矿师查勘矿之大小，须集股本若干，以定股分多少。每股定收省平足纹银五十两，有由官指某矿招股者，有由商集股请开某矿者，均分作十成，官三商七，官四商六，或官商各半。临时再行酌定。如本矿日后或以扩充工程，或因一时亏折，须加增股本，尽先有之股，按股酌派，如均不愿增加，或有增加而仍不足，再行另招别人。

一、股票。每股给票一纸，票内注明某山某矿暨本人姓名、籍贯，与实收同。其股银不论多少、有无伙伴凑集，总局只认票上一人，若本人身故，或将股票转售别人，准赴局呈明更换，惟不得抽回所入股银并以别国人顶替。

一、股息。每年年终，将本矿出入总结一次，官商股本均按数量提息八厘，商股由总局发给印折，以凭向某处（折内再行注意）支取。

一、派股商入局办事。凡由官指某矿招股，有商集股请办某矿，一俟股银全数汇齐后，应尽总局酌量札委办事，并推荐用司事数人，以昭公允。

一、赢亏均摊。该矿除提经费及提税、提息、提红外，所有赢余若干，官商照股匀摊；若有亏折，亦一律派认。

官督商办章程摘要四条

一、矿地。商民采得可开之矿，由本人觅保，径禀总局，或由本人禀明地方官转详总局，由局访察其人，果系殷实老成，乃派员前往，登山查勘，果于附近坟墓在禁步外，田地、庐舍又并无妨碍，方准开采。该山系民人私业，任本人与业主租买；若系官地，或归官商合办，或另抽地税，临时酌办。

一、局帖。商民禀请开办，经总局核准之后，即由该商赴局，呈请发给局帖，以为信据。无论何矿（惟寻常煤矿不在此例）及矿之大小，每帖一张，缴费银一百两整。

一、领帖请委员之矿。凡银、铜、铅矿，商本充足，能自开炉提炼者，自领帖后，准其设立土炉。惟开办之初，暂停抽税；一俟砂旺开炉后，由总局派员驻厂（锡、铁等矿不在此例），遵抚宪酌定税则，抽收砂税、炉税。其委员、司事人等薪水，及巡勇工食、局用杂费，每月至多以银百两为度，均由该矿按月提发，此外毫无浪费。

一、领帖不请委员之矿。凡银、铜、铅矿，商力仅能开采矿砂者，先由该商携带矿质来总局化验，再行呈请开采，缴费领帖，自领帖后，即由总局更番发给收砂护照，仰该商矿将所采之砂分起运解省城，照时价、运脚，公平收买，并于价内扣收砂税。其砂该商不得搀和坏质，自塞销路，并不得私行运卖，致干查究。或以运解省城为不便，请于附近官办、官商合办各委员照时价收买者，临时再行核夺。

商民已开各矿分别办理章程三条

一、银、铜、铅等矿，于未奏办矿务以前，已经商民领帖开采，由州县抽收砂税、炉税者，自此次刊定章程之后，均须将帖赴总局验明，以便札饬地方官，改由总局收税，方准照常开办。其未经领帖之矿，应即前赴总局，呈请局帖，缴领费银一百两，其砂不能自行提炼，准照前“领帖不请委员”条内办理。其已设炉提炼者，仍应令备委员经费，呈请总局派员抽收砂税、炉税，违者查出重究。

一、锡、铁、朱砂、雄黄各矿，已经商民领帖开采，由州县抽收砂税、炉税者，办法如前。其未经领帖者，应即赴总局报明，呈请局帖，缴费银一百两，并由总局相地立法抽税，方准照常办理。至所采之砂，由该商自行运销，官不收买。

一、寻常煤矿，向经商民开采，于坟墓实无妨碍，准其照常办理，无庸报官领帖；惟用机器开挖及设洋炉，则须呈明总局，核准给帖，派员收税，方能兴办。

设立时务、武备学堂请拨常年经费折①

（光绪二十三年十二月十八日）

头品顶戴湖南巡抚臣陈宝箴跪奏，为遵旨设立学堂，请拨常年经费，以资办理而培实学，恭折仰祈圣鉴事：

窃臣于光绪二十年准礼部咨山西抚臣胡聘之《奏请变通书院章程》一折，承准总理衙门咨议《复刑部左侍郎李端棻奏请推广学校》一折，本年三月又承准总理衙门咨《议复安徽巡抚邓华熙奏筹议添设学堂请拨常年经费》一折，均奉旨依议。咨饬通行，仰见我皇上奖励实学、培养人才之至意，钦感莫名。

自咸丰以来，削平寇乱，名臣儒将，多出于湘。其民气之勇、士节之盛，实甲于天下，而恃其忠肝义胆，敌王所忾，不愿师他人之长、与异族为伍，其义愤激烈之气、鄙夷不屑之心，亦以湘人为最。近年闻见渐拓，风气日开，颇以讲求实学为当务之急。臣自到任，迭与湘省绅士互商提倡振兴之法，电线渐次安设，小轮亦已举行，而绅士中复有联合公司以机器制造者，士民习见，不以为非。臣以为因势利导，宜及此时因材而造就之，当于本年秋冬之间，与绅士筹商，在省会设立时务学堂，讲授经史、掌故、公法、方言、格致、测算等实学。额设学生一百二十人，分次考选，而延聘学兼中西品端识卓之举

---

① 据《光绪朝朱批奏折》（第88辑），第510－511页。此折另见《湘报》第二十五号（光绪二十四年三月十四日出版），题为“抚院奏设时务、武备学堂折”。《戊戌变法档案史料》亦录存此折。见汪叔子、张求会编：《陈宝箴集》（上），北京：中华书局，2003年，第592－594页。

人梁启超、候选州判李维格，为中学、西学总教习，另设分教习四人。现已开学数月，一切规模均以粗具。省城旧有求贤书院，现拟改武备学堂，略仿天津、湖北新设规制，以备将才而肄武事。

伏查邓华熙原奏，请于各省正款内，每年拨银一万两，以充费用。湖北武备学堂，亦经奏准动用公款。今湘省设立时务学堂、武备学堂，事同一律，拟请援照每年于正款项下拨银一万二千两，酌充两处常年经费。自光绪二十四年为始，由臣在藩库、粮库、厘金局三处筹措分拨。其京、协饷及一切应解各款，仍照解不误。总计两处学堂，每年经费约需二万数千金，除指拨正款外，所有不敷之项及建造学堂房舍之资，即由臣督率绅士，另行设法筹措，就地支给，以期有成。

所有遵旨设立学堂，请拨常年经费各缘由，理合会同湖广总督臣张之洞恭折具陈，伏乞皇上圣鉴训示。谨奏。

朱批："户部知道。"

湘绅捐建学堂请奖折①

（光绪二十四年七月二十六日）

头品顶戴湖南巡抚臣陈宝箴跪奏，为湘绅倡捐本省中学堂创办经费巨款，恳恩赏给优奖，以昭激劝，恭折仰祈圣鉴事：

窃本年叠次恭奉谕旨，通饬各省省会建设中学堂；又恭阅电局抄传五月二十二日上谕："如能捐建学堂，或广为劝募，

---

① 据《光绪朝朱批奏折》（第80辑），第558－559页。按：此折另见《戊戌变法档案史料》，原题为"湖南巡抚陈宝箴折"。见汪叔子、张求会编：《陈宝箴集》（上），北京：中华书局，2003年，第810－811页。

准各督抚按照筹捐数目，酌量奏请给奖。其有独力措捐巨款者，朕必予以破格之赏等因。钦此。”钦遵出示晓谕在案。

查湘省上年奏设时务学堂，藉开风气，规模粗具。惟以经费不敷，尚仅租赁房屋，暂延中西教习课授生徒。兹欲扩充为中学堂，房舍必更应宏整，需款愈多。正与官绅设法筹措间，旋据头品顶戴调补四川布政使湖北布政使王之春，率子郎中衔二品荫生清泉县学生员王梁禀称：“恭读谕旨：‘京师创设大学堂，并饬各省会、各府县分设中、小等学堂，限一月内一律举办。’仰见朝廷振兴庶务、力图自强、首重造就人材之至意。凡在臣民，莫不咸知仰体。第创办之始，筹款维艰，湘人素鲜盖藏，就地筹捐，一时恐难集事；若俱仰给公款，则财力尤形竭蹶。之春湘人，渥受国恩，概念时艰，愧无报称。查章程内有准其捐赀报效之条，窃愿以身先之，将累年所余廉俸，并遣长子王梁回籍，将旧有薄产，凑足纹银一万两，充作湖南省城中学堂经费。虽涓滴无补，但尽其心力所得为，以仰副圣朝振兴学校之盛举”等情，并将捐银一万两解缴前来。

臣查学堂教育人材，讲求体用实学，洵为今日急务。而省城中学堂规制较宏，需款尤巨，湘中公私匮乏，筹措极为艰难。该藩司王之春，籍隶湖南清泉县，家无余财，而慷慨好义，尤务培植寒畯。近知湘省学堂经始之艰，独力措捐巨款，以为之倡，洵属好义急公，极应奏请奖励。惟该司官资较崇，无庸给奖，可否仰恳天恩，准将该司之子郎中衔二品荫生生员王梁赏给优奖，以昭激劝，出自逾格鸿施。

所有湘绅倡捐本省中学堂创办经费巨款请给优奖缘由，谨会同总督臣张之洞专折具陈，伏乞皇上圣鉴。谨奏。

朱批：“著户部核给奖叙。”

会奏妥议科举新章折①

（光绪二十四年五月十六日）

奏为恭绎叠次谕旨，变法求才，拟请妥议科举新章，以觇实学而防流弊，并请酌改考试诗赋、小楷之法，以造就通籍以后之人才，恭折仰祈圣鉴事：

窃臣等前准部咨，光绪二十四年正月初六日。钦奉上谕："开经济特科，令中外大臣荐举考试。"近日恭读邸抄，四月二十三日钦奉上谕，殷殷以变法自强，京外设立学堂为急。又读邸抄，五月初五日钦奉上谕："于下科为始，乡、会、岁科各试，向用《四书》文者，一律改试策论。一切详细章程，该部即妥议具奏等因。钦此。"际此时局艰危、人才匮乏，屡颁明诏，破除成格，力惩谫陋空疏之习，思得体用兼备、通达时务之士而任之，海内士民见我皇上处事之明决如此，求才之急切如此，孰不钦仰感奋？

窃惟救时必自求人才始，求才必自变科举始。《四书》《五经》，道大义精，炳如日月，讲明五伦，范围万世，圣教之所以为圣，中华之所以为中，实在于此。历代帝王经天纬地之大政，宅中驭外之远略，莫不由之。国家之以《四书》文、《五经》文取士，大中至正，无可议者也。乃流失相沿，主司

① 据《湘报》第125号（光绪二十四年六月二十四日出版），原题为"湖广督宪、湖南抚宪合陈妥议科举新章折"，上奏日期则据《张之洞全集》录入。按：此折另存见于《张之洞全集》（第二册），题为"妥议科举新章折"，唯首尾文字未录，正文亦微有异同。又按：此折正文另见《光绪朝东华录》（第四册），文字略异。见汪叔子、张求会编：《陈宝箴集》（上），北京：中华书局，2003年，第763－770页。

不善奉行，士林习为庸陋，不能佐国家经时济变之用，于是八股文字遂为人所诟病。今皇上断然罢去八股不用，固已足振动天下之耳目，激发天下之才智。特是科举一事，天下学术所系，即为国家治本所关，若一切考试节目未能详酌妥善，则恐未必能遽收实效，而流弊亦不可不防。尝考北宋初创为经义取士之法，体裁只如讲义，文笔亦尚近雅，明成化时始定为八股之式，行之已五百年矣。文徇俗而愈卑，法积久而愈弊，虽设有二场经文、三场策问，而主司简率自便，惟重头场时文，二、三场字句无疵，即已中式，遂有三场实只一场之弊。今改用策论，诚足以破拘挛陈腐之习矣。然文章之体不正，命题不例不严，则国家重教之旨不显，取士之格不一，多士之趣向不定。今废时文者，恶八股之纤巧、苛琐、浮滥，不能阐发圣贤之义理也。非废《四书》《五经》也。若不为定式，恐策论发题或杂采群经字句，或兼采经史他书，界限过宽，则为文者必至漫无遵守，徒骋词华，行之日久，必至不读《四书》《五经》原文，背道忘本。此则圣教兴废、中华安危之关，非细故也。窃以为今日当详议者约有数端：一曰正名。正其名曰"《四书》义""《五经》义"，以示复古，文格大略如讲义、经论、经说。二曰定题。《四书》义出《四书》原文，《五经》义出《五经》原文，或全章，或数章，或全节，或数节，或一句，或数句均可，不得删改增减一字，亦不得用其意而改其词。三曰正体。以朴实说理、明白晓畅为贵，不得涂泽浮艳作骈俪体，亦不得钩章棘句作怪涩体。四曰征实。准其引征史事，博采群书，但非违悖经旨之言，皆可引用。凡时文向来无谓禁忌，悉与蠲除。五曰闲邪。若周秦诸子之谬论，释、老二氏之妄谈，异域之方言，报馆之琐语，凡一切离经畔道之言，严加屏黜，不准阑入。则八股之格式虽变，而衡文之宗旨仍与清真雅正之圣训相符。

顾犹有虑者。文士之能讲实学、治古文者不多，改章之始，恐仅能稍变八股面目，仍不免以时文陈言滥调敷衍成篇。若主司仍以头场为重，则二、三场虽有博通之士，仍然见遗，与变法之本意尚未相符；若主司厌其空疏陈腐，趋重二、三场，则首场又同虚设。其诡诞浮薄、务趋风气者，或又将邪诐之说解释《四书》《五经》，附会圣道，必致离经畔道、心术不端之士杂然并进，《四书》《五经》本义全失，圣道即微，世运愈否。其始则为惑世诬民之谈，其终必有犯上作乱之事，其流弊尤多，为祸尤烈。且明旨开特科、立学堂，而学堂肄业有成之士，未尝示以进身之阶，经济虽并入乡、会场，而未议及六科如何分考之法。若非合科举、经济、学堂为一事，则以科目升者偏重于词章，仍无以救迂陋无用之弊；以他途进者，自外于圣道，适足以为邪说暴行之阶。

今宜筹一体用一贯之法，求才不厌其多门，而学术仍归于一是，方为中正而无弊。昔朱子当南宋国势微弱之际，愤神州之多难，伤救世之无才，屡欲改变科举。尝考《语类》中力诋时文之弊者，不一而足，而究其救科举积弊之法，则曰“更须兼他科目取人”。欧阳修知谏院时，恶当时举人鄙恶剽盗、全不晓事之弊，尝疏请改为三场分试、随场而去之法，每场皆有去留，头场策合格者试二场，二场论合格者试三场，其大要曰：“鄙恶乖诞以渐先去，少而易考，不至劳昏，全不晓事之人无由而进。”其说颇切于今日之情事——朱子之拟兼他科目，犹今之特科经济六门也；欧阳修之欲以策论救诗赋，犹今之欲以中西经济救时文也。又查今日定例，武科乡、会小试，骑射、步射、硬弓、刀石分为三场，皆有去取，人数递删而递少，技艺递考而递精，而磨勘之例尤以末场弓刀为重。窃谓宜远师朱、欧之论，近仿武科之制，拟为先博后约、随场去取之法，将三场先后之序互易之，而又层递取之。大率如府、县考复试之法，第一场试以中国史事、国朝政治论五道，此为中学经济。假如一省中额八十名者，头场取八百名；额四十名者，头场取四百名。大率十倍中额，即先发榜一次，不取者罢归，取者始准试第二场。二场试以时务策五道，专问五洲各国之政、专门之艺。政如各国地理、学校、财赋、兵制、商务、刑律等类，艺如格致、制造、声光化电等类，分门发题考试，此为西学经济。其虽解西法而支离狂怪、显悖圣教者，斥不取。中额八十名者，二场取二百四十名；额四十名者，取一百二十名。大率三倍中额，再发榜一次，不取者罢归，取者始准试第三场。三场试《四书》义两篇、《五经》义一篇，取其学通而不杂、理纯而不腐者。合校三场均优者，如中式，发榜如额。磨勘之日，于三场尤须从严，如有《四书》义、《五经》义理解谬妄、离经畔道者，士子、考官均行黜革。如是，则取入二场者，必其博涉古今、明习内政者也，然恐其明于治内而暗于治外。于是更以西政、西艺考之。其取入三场者，必其通达时务、研究新学者也，然又恐其学虽博、才虽通，而理解未纯、趣向未正，于是更以《四书》义、《五经》义考之。其三场可观而中式者，必其宗法圣贤、见理纯正者也。大抵首场先取博学，二场于博学中求通才，三场于通才中求纯正，先博后纯，先粗后精，既无迂暗庸陋之才，亦无偏驳狂妄之弊。三场各有取义，以前两场中、西经济补益之，而以终场《四书》义、《五经》义范围之，较之或偏重首场，或偏重二、三场，所得多矣。且分场发榜，则下第者先归，二、三场卷数愈少，校阅亦易，寒士无候榜久羁之苦，誊录无卷多谬妄之弊，主司无竭蹶草率之虞，一举三善，人才必多。而著重尤在末场，犹之府、县试皆凭末复以定去取，不愈见《四书》《五经》之尊哉？

其学政岁、科两考生童，均可以例推之。岁科考例先试经古一场，即专以史论、时务策两门发题，生员岁考正场，原系一《四书》文、一经文，即改为《四书》义、经义各一。生员科考、童生考试，一切均同，其童试《孝经》论，《性理》论，应仍其旧。难者或曰："主司罕通新学，将如之何？"不知应试则难，试官则易。近年上海译编中外艺学、政学之书，不下数十种，切实者亦尚不少。闱中例准调书，据书考校，似不足以窘考官，且房官中通晓时务者尚多，总裁、主考惟司覆阅，尤非难事，至外省主考、学政，年力多强，诏旨既下，以三年之功讲求时务，岂不足以为衡文量才之资乎？惟是变法之初，兼习未久，其研求时务者岂能遽造深通？是宜于甄录之时稍宽其格，以示骏骨招贤之意。两科以后，通才硕学自必蔚然可观，且登科入仕者渐多，则京外考官、房官自不可胜用矣。

抑臣等之愚，更有请者。百年以来，试场兼重诗赋、小楷，京官之用小楷者尤多。士人多逾中年始成进士，甫脱八股之厄，又受小楷之困，以至通籍廿年之侍从、年逾六旬之京堂，各种考试仍然不免。其所谓小楷者，亦不合古人书法，姿媚俗书，贻讥算子，挑剔破体，察及秋毫。且同一红格大卷，而殿试、散馆、优拔贡、朝考，字体之大小不同；同一白折，而朝考、大考、考差、考御史各项，字格之疏密不同。分歧烦扰，各有短长，诏令并无明文，而朝野沿为痼习，故大学士曾国藩奏疏尝剀切言之。夫八股犹或可以觇理解之浅深，诗赋则多文而少理，诗赋犹可以见文词之雅俗，小楷则有艺而无文，其损志气、耗目力、废学问，较之八股、诗赋，殆有甚焉。由是士气销磨，光阴虚掷，举天下登科入仕之人才，归于疏陋软熟，以至今日，遂无以纾国家之急。今既罢去时文，则京官考试诗赋、小楷之举，亦望圣明奋然厘定，一并扫除。查乡、会试之外，惟殿试一场典礼至重，自不可废。然临轩发策，登进贤良，自宜求得正谊明道如董仲舒、直言极谏如刘蕡者而用之，断不宜以小楷为去取。一经殿试，即可据为授职之等差，以昭郑重。朝考似可从省。及通籍以后，无论翰苑、部曹一应职官，皆以请求实学、实政为主，凡考试文艺、小楷之事，断断必宜停免，惟当考其职业以为进退。则已仕之人才，不致以雕虫小技困之于老死，俾得汲汲讲求强国御侮之方，此则尤切于任官修政之急务者也。至于词章书法、润色鸿业，乃馆阁撰述应奉文字所必需，自亦不可尽废。如朝廷需用此项人员之时，转颁谕旨，偶一行之，不为常例，略如考试南书房、考试中书故事，严则止及翰、詹，宽则无论翰、詹、部属小京官，皆可与考，视其原有阶品，分别授官，应候请旨裁定，与三年会试、殿试取士之通例各不相涉，庶几文学、政事两不相妨矣。

难者又曰："本朝名臣出于科举翰林者多矣，安见时文、诗赋、小楷之无益?"不知登进贵显限于一途，固不能使贤才必出其中，抑岂能使贤才必不出其中？此乃偶然相值，非时文、诗赋、小楷之果足以得人也。且诸名臣之学识、阅历，率皆自通籍任事以后始能大进，然则中年以前，神智精力销磨于考试者不少矣。假使主文者不专以时文、诗赋、小楷为去取，所得名臣不更多乎？

窃谓如此办法，博之以经济，约之以道德，学堂有登进之路，科目无无用之人，时务无悖道之患，似乎切实易行，流弊亦少。此举为造就人才之枢纽，而即为维持人心世道之本原。

臣等忧虑所及，不敢不效其一得之愚。事体重大，伏望敕下廷臣会议施行，不胜惶悚激切之至。

所有拟请妥议科举新章，暨请改考试诗赋、小楷之法各缘由，臣等详筹熟商，意见均属相同，谨合词恭折具奏，伏祈皇上圣鉴。谨奏。

皇授光禄大夫头品顶戴赏戴花翎原任兵部侍郎都察院右副都御史湖南巡抚先府君行状①

陈三立　撰

曾祖讳腾远，赠光禄大夫；妣刘氏，赠一品夫人。

祖讳克绳，国子监生，赠光禄大夫；妣谢氏，赠一品夫人。

父讳伟琳，国子监生，赠光禄大夫；妣李氏，赠一品夫人。

府君姓陈氏，讳宝箴，字右铭，江西义宁州竹塅里人。其先自闽上杭来迁，是为府君曾祖。祖曰克绳公，学者称韶亭先生，修髯洪音，敦裕豁达，用孝义化服乡里，年八十余卒。父伟琳公，母李太夫人，高行懿德，见郭侍郎嵩涛所为铭。兄弟三人，长讳树年：候选同知，光绪七年卒；次讳观瑞，殇。

府君生而英毅，顾视落落然。七岁出宿外塾，旦日白塾师曰："昨有不能夜寐者三人。"塾师诘谁何，则曰："吾父、吾母及我是也。"年二十一，以附生举辛亥恩科乡试。是时粤寇

① 据《散原精舍文集》卷五，此为旧题。按：此文另有单行本存世，江西省图书馆藏本题为"陈宝箴先生行状"，原书未署版次，标签注明"清光绪二十六年刊本"。又按：上海图书馆亦藏有次行状，一题作"陈公宝箴行状"，一题作"陈宝箴行状"，与江西省图书馆藏本同，均为光绪二十六年刻本。见汪叔子、张求会编：《陈宝箴集》（下），北京：中华书局，2005 年，第 1994 - 2004 页。

已四出，及州境，府君从父治乡团。父遽以劳卒，府君哀昏得狂疾，其后复联州人战寇，义宁团练名一时。丧除，入赴庚申会试，落第。留京师三岁，得交其巨人长德及四方隽异方雅之士，而于易公佩绅、罗公亨奎尤以道义经济相切摩，有“三君子”之目。

会夷祸起，文宗北狩，府君条防守六事上枢府，适枢府忧通州仓米为寇掠，骤无所为计，府君曰：“设传驼更运，前明于忠肃成法也。”由是旦夕毕移辇下。一日饮酒楼，遥见圆明园火，捶案大号，尽惊其坐人。

时东南寇乱犹盛，易公、罗公约南还，将湘军击寇自效。府君先省母，寻抵湖南，易公已前受巡抚骆文忠公檄，募千人，号“果健营”，防寇来凤、龙山间，罗公副之，遂与府君俱，扼茨岩塘拒寇。寇酋石达开率众号十万来犯，死守累月，粮且尽，府君间走澧州永顺以募饷。永顺守张公修府，故儒吏，延见府君风雪中，府君单絮衣，乃取狐裘覆府君，却曰：“军士冻饥久矣，即何忍独取暖为?”张公为流涕，趣召父老输银米济军。府君持去，守益坚，寇不得逞，引去，于是果健营之名闻东南。骆公督四川，遮果健营俱，府君省母复归。

未几，曾文正公大治兵，用两江总督屯安庆。府君稔曾公命世伟人，又幕府盛招致天下贤士，遂往游。曾公引为上客，喜过望曰：“海内奇士也!”幕僚亦争交欢相引重，李公鸿裔专幕职，尤挟府君得代己。府君雅欲亲战事，谢去，就席公宝田江西军。道彭泽、鄱阳间，饥民连数县，振者率应故事，势且尽毙。府君恻然，就逆旅斋沐起草，驰书巡抚沈文肃公陈其状，并类及江西政要所关凡数事，中言：“振而不能活，犹弗振；活而不能久，犹弗活。”沈公感悟，大发帑，全济无算。

其时江西为寇冲，蔓延郡县，余军多观望，独得席公军支拄四应。席公自府君至，累用奇策决胜，然寇方蚁集势盛，而席公军单，沈公、席公又颇乖隔不相能，每军牍往还，席公辄取抵地曰：“吾死此文法吏矣！”府君笑曰：“沈公贤者，坐不知公耳。”因谒沈公，极陈：“席公沈鸷，必能用智略平寇，胜艰巨。明公当开布腹心，席必为尽死；不则，席败，大局危，公安所措足乎？”沈公以为然，立增席公五营，遗书披忱相拊劳。自是沈公、席公深相结，卒以歼寇竟大功。

伪幼王洪福瑱之窜闽也，府君度其时日，曰：“我间道疾趋广昌、石城间，宜可获。”席公移军，穷昼夜追之，至杨家牌巨岭，会暮，军惫极，前锋植旗山下，士卒皆卧地。席公怒，命斩前锋，于是复起追。向明，岭尽，遂掳福瑱还。府君语人曰：“吾虽臆决幸中，然非席公坚忍，用将士死力，福瑱终不可得。席公于用兵，天授也。”席公假还籍，已前为府君叙功，累保知府，府君不顾也。

久之，复就曾文正公江南，宾僚益盛，游咏无虚日。曾公移督直隶，府君至是亦欲就官邻省，便养母，遂入觐，以知府发湖南候补。当是时，刘公琨为巡抚，王公文韶为布政使，而贵州苗乱，用兵已数年，诸军皆前无功，独席公宝田军转战歼苗，破砦辟地数百里。适席公受瘴移病去，以四分统任战事，省中讹言遂大起，谓苗实不可平，席军虚诬张战状，尽无据。自官吏缙绅，万口相附和，且曰：“非别易督师，苗必炽。”府君方新至，语营务处易公佩绅曰：“席公分统皆起裨伍，百战累勋阶，今功垂成，势不为他人下。愿白巡抚诸公持重，毋自贻悔。”刘公用易公言，遂令府君驰至贵州军，觇状以闻。府君留军旬月，具陈战状本末，决改岁四五月定苗地，即徇人言，纷更牵掣，变且不测。布政使得府君牍，喜以示群吏，讹言亦稍定，及期，苗果悉平。

府君既委充善后局员，所积负军粮逾百万，无所出，又无见粮散，冗军滋困，识者咸危惧。府君为画计，用期券递发，以次展年月限相输，践限必信勿愆，约事必举，后竟用遣防军数万人，得弭无形、遏大变，府君之力也。王公代为巡抚，府君已以功擢道员，充营务处。时苗疆初平，恤流亡，定规制，善后万端剧且大。王公以非府君无可属任，府君因复往镇远竟其事，苗地赖以安。初，府君欲就亡苗空地尽举入官，屯田实边，兴大利，终与黔吏龃龉，不遂而返。后数年，复有请施行前议者，府君叹曰："苗甫定，地空无所属，故可行。今类为流民久占，取夺之，不胜扰，机失何可复得邪?"

宁远豪族欧阳姓常械斗，杀数十百人。椎埋剽夺，纵横境内外，王公虑为巨患，奏属府君按治之。莅界，欧阳姓男妇观道旁逾千人，且行且指詈，张甚，府君瞥舆左一人，颀身长裙，含微哂，走观者时仰其面，骤命卫士提此人斩以徇。卫士向拔刀，其人出不意，伏地请死，道旁父老十余辈，逡巡亦随跽。府君晓以等威利祸，杖而后释之，自是道路肃然。既抵县，徐设方略，捕获逸出大猾二十一人，皆伏法，于是为立团规、族规维其后。迄今宁远民数乱，独欧阳姓无干法纪者云。

府君性开敏，洞晓情伪，应机立断，而渊衷雅度，务持大体，不为操切苛细。少负大略，恢疏倜傥，豁如也。及更事久，而所学益密，持躬制行，敦笃宏大，本末灿然。光绪元年，署辰永沅靖道事，治凤凰厅，曰镇筸，故苗疆，亦天下劲兵处也。前傅公鼐所立制犹粗具，府君修漏失，复废坠，务和民苗安其习，严惩吏属及苗酋贪扰者。尝念镇筸僻万山，民所无资生，辄教植茶、种竹树，又招人制刨，教刨薯为粮，名"薯丝"，干食可久储，具语其法。后二十余年，府君以巡抚阅兵镇筸，已家倚薯丝助活，得不重困。故事：州县岁纳陋规，曰“节寿”。府君虑却除无以处后吏，阳甘自污，白母，悉举所入凿沱江，便百里外舟毕得达城下。

明年四月，受代还长沙，时府君声称藉甚，中外大臣交论荐。九月，以母忧去，服阕后二年，始奉命授河北道，为光绪六年七月也。任河北三载，吏有所惮，奸豪多敛迹，最以声铎治盗法下所属，获大效，盗为屏境外。其河堤亘千里，沁水夹之，尤湍悍，府君审宜疏筑，亲绳其玩误者，河不为灾。府君曰：“天下乏才旧矣，由士不知学始。河北人士质直，负节概，易有立，变学以造才，其可缓?”于是斥金大起屋，而别营岁费，命曰“致用精舍”。置群籍，延通儒，遴取三府秀异，额设学徒都数十。学有规，课有程，多士彬彬，知古今、习世务焉，河北风趋为一变。

八年秋，擢浙江按察使，召对毕，之官尽数月，用前河南狱免。初，河南临刑呼冤王树汶本盗也，言者掇以闻，命总河、巡抚杂治。既定谳，总河强府君与其狱，因诖吏议。顷之，有副都御史张佩纶劾府君“至京师营营干讯吏”语绝诬蔑。府君曰：“一官进退，轻如毫毛比，岂足道哉？然朝廷方以言语奖进天下士，不思竭忠补阙，反声气朋比，颠倒恣横，恐且败国事。吾当不恤自明，藉发其覆，备兼听。”因抗疏申辨，且推及言路挟持弄威福之由。诏下阎文介公察问，阎公首鼠两解之，府君遂归，自放山水间。

明年，湖南布政使庞公际云护巡抚，奏起府君，以病辞。十一年，彭刚直公防粤边，有旨交差遣，谢病，仍未赴。十二年，两广总督张公之洞复奏调，始至粤，则任缉捕局，治群盗，旋以河大决郑州，诏府君襄塞河。而李文正公方持节河上，府君不任督工，度形势、助谋画而已。初视决河，建议即兴宵工，避盛涨。已而时时言李公，河员群起阻难，李公不能决，后亦渐瘖，趣为之，已无及。天子遂诏李公还，府君亦去。久之，河乃塞。而李公倾倒府君自兹始。

王公文韶既复出抚湖南，十五年秋，乃疏荐府君可大用，召入都。明年，授湖北按察使，视事三日，改署布政使，逾一年，还任。以协饷劳，诏加头品顶戴。府君锐意为治，亟先饬吏清讼原，所属法所及，不为姑息，尤务联以情，手书规讽，至诚相感发。发审吏明良断狱，累功绩，必擢用，用必宜其才。以故人人争自励，几无留狱。

湖北夙为民患，官吏无如何，曰“囤户”，专诱掠妇女，输卖为利。巢窟深秘，猾胥、群盗附之为爪牙，出没襄阳、安陆、施诸郡县，寖以益甚。府君廉其实，瞿然曰：“魑魅恣行皦日下，坐视民疾苦，不为之所，能无愧乎?”因与代署按察使恽公祖翼谋，阴选健吏，假便宜，四出搜捕。逾年，击斩数十百人，风顿革。

府君患流民日众，轻犯法，为建迁善所，收轻罪，教以工艺，俾有所给养自新焉。黄陂有二役，犯其讼家室女者，县牍予轻比，府君立更重典，弃诸市。四方以为快。时总督为张公之洞，而谭公继洵为巡抚，两公颇异趣，要皆倚府君为助，府君亦益发舒，用职事自效。然有不合，必力诤，皆犯颜抗辨，不少绌，两公初不怿，卒辄从府君议也。

十九年，复署布政使，寻以中东构衅，大兴兵防海，京师戒严，朝廷乃授府君直隶布政使。是年冬，驰入觐，召询战守方略甚悉。府君见上宵旰焦劳，颜悴甚，请日读圣祖《御纂周易》数则，谓可开益圣学，得变而不失其常之道。上为微起，改容颔之。退，复条上畿防诸事宜。时府君已奉命督东征湘军转运，驻天津，及专折奏事。于是往立局，而以毛员外庆蕃专局务。毛君一用府君约束，任能塞弊，余平、折色概扫绝，督师刘公坤一叹为军兴粮台所仅见。

马关定约，和议成，府君痛哭曰："无以为国矣！"历疏陈利害得失，言甚痛。既渐罢防守，兵民得安枕，而河溢、灾仍重，饥羸满道。府君为广设粥场，赡流徙，益劳心吏政，奖良纠污，威惠彰闻。其时李公鸿章自日本使还，留天津，群谓且复总督任，府君愤而不往见，曰："李公朝抵任，吾父挂冠去矣！"人或为李公解，府君曰："勋旧大臣如李公，首当其难，极知不堪战，当投阙沥血自陈，争以生死去就，如是，十可七八回圣听。今猥塞责、望谤议，举中国之大、宗社之重，悬孤注，戏付一掷。大臣均休戚。所自处宁有是邪？其世所蔽罪李公，吾盖未暇为李公罪矣。"卒不往。

是年八月，诏授湖南巡抚。府君故官湖南久，习知其利病，而功绩声闻昭赫耳目间，为士民所信爱，尤与其缙绅先生相慕向。平居尝与人曰："昔廉颇思用赵人，吾于湘人犹是也。"府君盖以国势不振极矣，非扫敝政，兴起人材，与天下更始，无以图存。阴念湖南据东南上游，号天下胜兵处；其士人率果敢负气可用；又土地奥衍，煤铁五金之产毕具。营一隅为天下倡，立富强根基，足备非常之变，亦使国家他日有所凭恃。故闻得湖南，独窃喜自慰；而湖南人闻巡抚得府君，亦皆喜。

是时湖南旱饥，赤地且千里，朝廷以为忧，趣府君赴任，勿入觐，遂取海道入长沙。盖湖南所被灾州县二十余，浏阳、醴陵、衡山最巨。府君先传电诸行省大吏，乞互助，旬日达复电，有助金五六十万，府君用是稍得藉手矣。首大振三县。浏阳伏匪倚灾数倡乱，用县人欧阳君中鹄领振，得无事。初，府君甫视事，即严贩米出境令，亡何，米舟逾千艘聚岳州，哗变，且窜出。府君以米禁大系安危，遣某总兵持符亟遮之，诫立诛其首梗令者，由是悉挽而上，人心大定。凡府君所设方计，得次第振活都百数十万人。当是时，非府君为巡抚，湖南几大乱。

府君承困敝之后，纲纪放弛，吏益杂进，食虐窳偷之风相煽，而公私储藏既耗竭，万事坏废待理，方不可胜数。府君以谓其要者在懂吏治，辟利源，其大者在变士习，开民智，饬军政，公官权。

于是察劾府县以下昏墨不职二十余人，而代以干良者，复劾显僚豪幕最有气势者二人。桃源令贪暴无人理，上其罪，至遣戍。群吏懔然，遂改观。既设矿务局，别其目曰"官办""商办""官商合办"。又设官钱局、铸钱局、铸洋圆局，以朱公昌琳领之。朱公七十余，负干略，行贾致巨富，以义侠闻四方，老谢客，独勉为府君出。又通电竿，接鄂至湘潭，以张君祖同领之。又浚城北河，使舟有所泊，且兴商利，仍以朱公领之。而时务学堂、算学堂、湘报馆、南学会、武备学堂、制造公司之属，以次毕设。又设保卫局，附迁善所，以盐法道黄君遵宪领之。又属黄君改设课吏馆，草定章程。又选取赴日本学校生五十人，待发。其他蚕桑局、工商局、水利公司、轮舟公司，以及丈勘沅江涨地数十万亩，皆已萌芽发其端，由是规模粗定。

当是时，江君标为学政，徐君仁铸继之，黄君遵宪来任盐法道、署按察使，皆以变法开新治为己任。其士绅负才有志意者，复慷慨奋发，迭起相应和，风气几大变，外人至引日本萨摩、长门诸藩以相比。湖南之治称天下，而谣诼首祸亦始此。

先是，府君既锐兴庶务，竞自强，类为湘人耳目所未习，不便者遂附会构煽，疑谤渐兴。其士大夫复各挟党挤排，假名义相胜，寻复有周汉事。周汉者，官至道员，宁乡人，积以张揭帖攻泰西教煽乱，为湖广总督落其职，而海内多奖谓忠义，尤为其乡人所信重，至是复刊帖布乡县。府君方痛胶州事，大惧，传毁其帖。周汉殴传吏，益横。府君乃排众议，下之狱，愀然曰："非然无以全大局，亦无以曲全周汉。"世竟用此争龁府君矣。

后复以学堂教习与主事康有为有连，愈益造作蜚语，怪幻不可究诘，徒以上意方向用府君，噤不得发。二十四年八月，康、梁难作，皇太后训政，弹章遂蜂起。会朝廷所诛四章京，而府君所荐杨锐、刘光第在其列，诏坐府君"滥保匪人"，遂斥废。既去官，言者中伤周内犹不绝。于是府君所立法次第寝罢，凡累年所腐心焦思、废眠忘餐、艰苦曲折经营缔造者，荡然俱尽。独矿务已取优利，得不废。保卫局仅立数月，有奇效，市巷尚私沿其法，编丁役自卫，然非其初矣。

府君学宗张、朱，兼治永嘉叶氏、姚江王氏说，师友交游多当代贤杰，最服膺曾文正公及沈文肃公。两公以茶厘事交恶，用府君言，得俱解。与郭公嵩焘尤契厚，郭公方言洋务，负海内重谤，独府君推为孤忠闳识，殆无其比。及巡抚湖南，郭公已前卒，遇设施或抵牾，辄自伤曰："郭公在，不至是也。"

其为治，规画远大，务程功于切近，视国家之急逾其私。胶州变起，愤甚，屡电陈宜据公法辨难相推移，不得骤许速后忠。粤汉铁路议兴，当假道湖南，咸虑湖南人不易从。盛大理宣怀以相谋，府君曰："湖南独非王土邪？诚便大计，必力任。"由是遂勘路。英吉利要通商湘潭，则固争，以岳州易之，复密陈筹饷、振海军、联与国之策，故府君独知时变所当为而已，不复较孰为新旧，尤无所谓新党、旧党之见。

《湘报》学堂所不合，必遏其渐，董理更张之，即亦不欲动阿俗议，示不广乖任事心。康有为之初召对也，即疏言其短长所在，推其疵弊，请毁其所著书曰《孔子改制考》。四章京之初直军机亦然，曾疏言变法事至重，四章京虽有异才，要资望轻而视事易，为论荐张公之洞总大政、备顾问。及士民上书之诏下，愈惶急，以为求言诚是也，今以无智无学之中国责之使言，而荡无限度，则且坏纲维，爚乱天下，此有累圣聪不细。方草奏极谏，请必收成命，以政变而止。政既变，复电达大学士荣禄公，讽其尊主庇民，息党祸，维元气。

盖府君虽勇于任事，义不返顾，不择毁誉祸福，然观理审而虑患深，务在救过持平，安生人之情，以消弭天下之患气。尝称曰："非常之原，黎民惧焉。造端图大，自任怨始。要以止至善为归，自然之势也。"论者谓府君之于湖南，使得稍假岁月，势完志通，事立效著，徐当自定。时即有老学拘生、怨家仇人，且无所置喙。而今为何世邪？俯仰之间，君父家国无可复问，此尤不孝所攀天斫地、椎心酾血者也！

府君既罢，归南昌，囊箧萧然，颇得从婚友假贷自给。明年，营葬吾母西山下，乐其山川，筑室墓旁，曰"崝庐"。日夕吟啸偃仰其中，遗世观化，浏乎与造物者游。尝自署门联，有"天恩与松菊，人境拟蓬瀛"之句，以写其志。至其所难言之隐，菀结幽忧，或不易见诸形色，独往往深夜孤灯，父子相语，仰屋欷歔而已。呜呼！乐天而知命，悲天而悯人，道所并行不悖，府君生平所自得，盖非不孝所能测矣！

二十六年四月，不孝方移家江宁，府君且留崝庐，诫曰："秋必往。"是年六月廿六日，忽以微疾卒，享年七十。卒前数日，尚为《鹤冢》诗二章；前五日，尚寄谕不孝，勤勤以兵乱未已、深宫起居为极念。不孝不及侍疾，仅乃及袭敛，通天之罪，锻魂剉骨，莫之能赎，天乎痛哉！

配吾母黄氏，封一品夫人，前二年卒，别有状。子男二人：长即不孝三立，革职吏部主事；次三畏，祧次兄后，前卒。女二人：长嫁席公宝田子世袭骑都尉候选道曜衡，次殇。孙六人，孙女五人。曾孙二人。所著奏议若干卷、批牍若干卷、书牍若干卷、文集若干卷、诗集若干卷，待刊行世。《读易小记》未成书，日记若干册，藏于家。

不孝既为天地神鬼所当诛灭，忍死苟活，盖有所待。谨如吉卜以冬十月辛卯，合葬府君于吾母黄夫人墓次，敢先就府君当官施事，追忆其大者，略著于篇。不忍溢饰半辞诬吾亲、重罪戾，伏维当代宏儒硕学锡之铭诔，表幽传实于无穷极，世世子孙感且不朽。谨状。

光绪二十六年后八月，不孝男三立泣血状。

故湖南巡抚义宁陈公墓志铭①

范当世　撰

光绪二十六年六月丙申，故湖南巡抚义宁陈公卒于南昌府城之西四十里曰崝庐者。其孙衡恪，吾甥也，抵书通州曰："父毁疾甚，不能亲告哀，惟泣言吾祖身后之文辞非外舅莫属，庶几不远千里而临恤焉。"于时西人方以联军破京师，两宫出走，州县皇皇日有警，不能遽行。至闰八月戊申，乃得走诣公殡，哭尽哀。已又持伯严而泣，伯严曰："兹已略状先君

---

① 据《范伯子文集》（民国二十一年浙西徐氏校刻本）卷第九。此仍旧题。按：此文见缪荃荪纂录《续碑传集》，题为"故湖巡抚义宁陈公墓志铭"。又按：民国三十二年光义堂重修《义门陈氏宗谱》卷二亦收存此文，题为"清故湖南巡抚义宁州陈公墓志铭"。见汪叔子、张求会编：《陈宝箴集》（下），北京：中华书局，2005 年，第 1989 - 1994 页。

行实矣，卜以十月辛卯葬于此，必吾子铭。”呜呼！公之所为，虽吾友若吴冀州犹不尽知之，则吾固不可以无述。

先是二十一年，中东和议成，公以直隶布政使督湘军粮台，见《马关和约》而泣曰：“不国矣！”因大望相国李公，至其使还留天津，亦不往见。吴冀州方主莲池书院，颇为公言李公，公益愤其辞。而吾弟钟会试归，过公有言，公并诮之曰：“若兄弟皆主李者耶？”然吾后得其平心之言，则公尤望李公极知不堪战，不以死生去就回上意，而猥随俗塞谤取祸败空国至于斯也。其年八月，上擢公湖南巡抚，公益若茹痛而之官。以湖南号天下胜兵处，而民智尤塞，遏绝西法至不通电竿，于是举李公及湖广总督张公所已尝为及为之而实不至或并不得为者，穷昕夕讨论，次第而毕行之。行之两年，而湖南风气盛开，吏治亦称最。

至二十四年，上感于主事康有为之所称奏，益决意变法，而屡诏嘉公忠。公以上将大有为则无往而不须才，遂罄举平生所知京外官之能者与所属吏士之可用者三十余人，备上之采择。于时京官在京者独杨锐、刘光第，而外官在京者独候补道恽祖祁。上遂擢祖祁为厦门道，而用杨锐、刘光第与谭嗣同、林旭者并为新政章京。公疏言：“四章京虽有异才，然臣恐其资望轻而视事易，愿得大臣领之。”复力荐张公之洞。疏上，而皇太后训政，四章京诛，公坐滥保匪人，废斥不用，然固不罪公所为也，而人遂汹汹，目公以康党。

康亦当世之所尝识也，尝以其下第时过当世天津，当世独许其才，不喜其学。已闻上召对康有为，时公疏言其长短所在，推其疵弊，请毁其所著书曰《孔子改制考》者，心独喜其与吾意同也。湖南既设时务学堂，其官绅并缘《时务报》推梁启超为主讲，而公从之。及《湘报》与学堂所论有疵，公则为之遏其渐，剖析而更张之，吾未见其为谁氏党也。

自吾束发读书，慕思曾文正公之为人，而愿睹当时之亲炙者。若张廉卿先生，若吴冀州，既师友之矣；若公，若奉新许公，皆以其在位不往而通。然犹颇记光绪九年得公与学士张君佩纶互讦之稿，壹皆不识，而心袒公也，其后公独尚余之文学而托以孙。而许公抚广东，亦介吴冀州必余往。许公不言维新者，方裁缺欲归，公诒书督劝甚挚。许公曰："岂须我耶?"余曰："不然，此公义相取。陈公何必旧，公又何必新耶?"及公斥，三巡抚缺罢裁，而许公亦用谗废弗录，死而无人惜之。然则公虽不如往日之所为，又岂得全于兹世哉?

公讳宝箴，字右铭。按《状》，公曾祖讳腾远者，始由闽上杭迁义宁竹塅里。祖讳克绳，用孝义化服乡里，学者称为韶亭先生。父讳伟琳，母李氏，并有懿德高行，在郭侍郎嵩焘所著文中。公生而顾视落落然，七岁始宿外塾，则谓其师曰："昨有不能寐者三人——我父、我母及我是也。"年二十一举于乡，从父治乡团抵粤寇。父劳卒，哀昏得狂症，已仍战寇保其乡。

咸丰十年，入都会试，留交其俊乂。文宗狩热河，颇有所建白于枢府。已而走湖南，就易公佩绅、罗公亨奎所谓"果健营"者，与俱拒寇来凤、龙山间。石达开以十万众来犯，粮且尽，公乃风雪中著单絮衣走永顺募粮，矢与营士冻饥，感动郡守，输银米济军，而守益坚。寇不逞，引去。骆文忠公督四川，遮果健营与俱，而公归省母。出就曾文正公安庆，文正公绝重之。李公鸿裔典幕职，且挟公代己。公乐亲战事，则之席公宝田江西军，言于沈文肃公，使席公大重。颇为席公设奇策，歼群寇，禽洪福瑱。江西平，叙公官知府，再就曾文正公江宁。

文正公改督直隶，公乃以养母就官湖南，始终调护席公平苗之军，俾不为谗构，而功以成。擢道员，经理苗疆善后事，惩治宁远豪族欧阳氏之械斗，皆有功绩可述。署辰永沅靖道也，其治曰镇箄，故苗疆务和民苗安其习。忧其僻万山无以养，教之以植茶、种竹树，招人制刨，使刨薯为粮，名之曰"薯丝"。及为巡抚，阅兵至镇箄，则倚薯丝佐粮者多矣。丁母忧，服阕，授河北道。三年，河不为灾而盗敛迹。创致用精舍，遴三州之秀，延师教之。擢浙江按察使，数月，以前河南临刑呼冤狱免官，则与张君互讦时也，其语颇传于士大夫间。免归，而护湖南巡抚庞公奏起公，辞以疾。彭刚直公防广东，旨交差遣，不赴。

张公之洞方督两广，奏调公，公一行，而河大决郑州，诏襄李文正公治河。文正公不即用公言，河不时塞，公归。十五年秋，今相国王公抚湖南，奏公爱惜羽毛，宜特用，遂招入都。十六年，授湖北按察使，署布政使，加头品顶戴。为治大放胡文忠公，务饬吏清讼原而联以情，手书劝勉。人传其与总督张公廷诤至不怿而卒从之。十九年，再署布政使。二十年冬，中东战事亟，擢直隶布政使。入对，公见上忧劳，颜悴甚，请日读圣祖《御纂周易》，庶得变而不失其常之道。他所陈奏语尤多，恳恳流涕，上以是知公忠也。督粮台，命专折奏事。明年，遂擢湖南。

盖公一生行事之大者在湖南，尤习于湖南，乐用其人，人亦乐之。思以一隅致富强，为天下倡，而务分官权与民，故湘之人兴起者太半，其顽者一二，中立审势者裁二三而已。宁乡已革道员周汉者，积以张揭帖攻西教煽乱，为总督所治，而时人多奖谓忠义，及是复刊帖布乡县。公闻，传毁其帖，汉复殴传吏。公怒，下之狱。而湘士之顽者乃造作蜚语，谤公政变，而向之中立者亦人人挤公，必尽反其所为而后已。故公所施于湖南者，独矿务已获优利得不废，而保卫局民爱之，私沿其法，亦非其初矣。

鸣呼！事之对待也无终，由周汉事观之，则今日北方之团匪又岂得谓之非义民者耶？而公濒死恋恋于两宫，孰料两宫颠沛至此耶？公为我言，咸丰十一年，京师酒楼见圆明园火，捶案大号，遂欲辍文学、讨时事，奋其愚陋，庶几乎一日之强，而今不堪令公见矣。故余既哭公，又不能无幸于公之前殁为尤痛者也。

公为人，大口修颐，意量超然，无穷达于其心。吾独送女湖北时，从公语，不及旬，公遂去，之直隶。公于诗文果不多为，为则精粹有法。自吾女言之，公绝贫，在官不能请贷于婚友，则时时典其衣裘。今所谓崝庐者，即其配黄夫人葬处，营生圹而庐其旁，此外无一垅也。黄夫人，义宁老儒讳彩意女，有兄锡禧，官训导。年十八归公，孝事李太夫人数十年，公自以为不及，而公廉实夫人助之。终身布衣襦，吾女言其嫁时衣夫人有不识者，故绝不敢服。以光绪二十三年十二月某日卒公巡抚任所，享年六十有六。公享年七十。子男二人：长三立，即伯严，吏部主事，政变并革职；次三畏，出后叔父，前殁。女二人：长适席公宝田之子袭骑都尉候选道曜衡，次殇。孙六人。曾孙二人。铭曰：

清有圣帝圣自躬，非彼眇末能加聪，有臣一人为臣宗，吾见旧谊填心胸。万世之遇一世逢，运则不至征罹凶，浩浩民劫方未终，臣不待矣年命穷，濒危但祝安两宫。后人有惟公是崇，或由困辱思公忠，遂凭吾文求其踪，青山之原西山东。

参考文献

［1］马卫中、董俊珏：《陈三立年谱》，苏州：苏州大学出版社，2010 年。

［2］（清）陈三立著，李开军点校：《散原精舍诗文集》（下册），上海：上海古籍出版社，2003 年。

［3］阿英编：《甲午中日战争文学集》，北京：中华书局，1958 年。

［4］王芸生编著：《六十年来中国与日本》（第四卷），北京：生活·读书·新知三联书店，1980 年。

［5］中国史学会主编：《中国近代史资料丛刊第八种：戊戌变法》（第二册），上海：神州国光社，1953 年。

［6］汤志钧：《戊戌变法人物传稿》（上册），北京：中华书局，1961 年。

［7］丁文江、赵丰田编：《梁启超年谱长编》，上海：上海人民出版社，1983 年。

［8］（清）陈三立著，钱文忠标点：《散原精舍文集》，沈阳：辽宁教育出版社，1998 年。

［9］高阳：《清末四公子》，台北：皇冠出版社，1983 年。

［10］岳南：《南渡北归·别离》（下），长沙：湖南文艺出版社，2013 年。

[11]（清）赵炳麟著，刘深、余瑾、孙改霞校注：《赵柏岩集》（中），南宁：广西人民出版社，2001 年。

[12] 陈运和：《散文跟着诗歌走》，北京：中国文献出版社，2011 年。

[13] 叶绍荣：《陈寅恪家世》，广州：花城出版社，2000 年。

[14] 茅海建：《戊戌变法史事二集》，北京：生活·读书·新知三联书店，2011 年。

[15] 刘梦溪：《陈宝箴和湖南新政》，北京：故宫出版社，2012 年。

[16]（清）黄濬著，李吉奎整理：《花随人圣庵摭忆》（上），北京：中华书局，2008 年。

[17]（清）范当世著，寒碧笺评：《范伯子诗文选集》，杭州：浙江古籍出版社，2006 年。

[18] 国家档案局明清档案馆编：《戊戌变法档案史料·综合》（下），北京：中华书局，1958 年。

[19] 钱文忠：《瓦釜集》，青岛：青岛出版社，2014 年。

[20] 许顺富：《湖南绅士与晚清政治变迁》，长沙：湖南人民出版社，2004 年。

[21] 王儒年：《谭嗣同》，昆明：云南教育出版社，2008 年。

[22] 马卫中、董俊珏：《陈三立年谱》，苏州：苏州大学出版社，2010 年。

[23] 熊治祁编：《湖南人物年谱》（第五册），长沙：湖南人民出版社，2013 年。

[24] 汪叔子、张求会编：《陈宝箴集》（上），北京：中华书局，2003 年。

［25］汪叔子、张求会编：《陈宝箴集》（中），北京：中华书局，2005 年。

［26］汪叔子、张求会编：《陈宝箴集》（下），北京：中华书局，2005 年。

［27］（清）朱寿朋：《光绪朝东华录》，北京：中华书局，1958 年。

［28］李济琛主编：《戊戌风云录》，北京：金城出版社，2014 年。

［29］袁英光、胡逢祥整理：《王文韶日记》（下册），北京：中华书局，1989 年。

［30］湖南历史资料编辑委员会编：《湖南历史资料》（3），长沙：湖南人民出版社，1958 年。

［31］伍新福主编：《湖南通史·近代卷》，长沙：湖南人民出版社，2008 年。

［32］湖南省地方志编纂委员会编：《湖南通鉴》（上），长沙：湖南人民出版社，2007 年。

［33］刘梦溪主编：《中国现代学术经典》（陈寅恪卷），石家庄：河北教育出版社，2002 年。

［34］钱基博撰：《湖湘文库·湘学丛编近百年湖南学风》（甲编），长沙：岳麓书社，2012 年。

［35］周秋光、张少利、许德雅、王猛：《湖南社会史》（2），长沙：湖南人民出版社，2013 年。

［36］谭仲池主编：《长沙通史·近代卷》，长沙：湖南教育出版社，2013 年。

［37］湖南省志编纂委员会编：《湖南省志》（第一卷），长沙：湖南人民出版社，1980 年。

［38］蔡尚思、方行编：《谭嗣同全集》（增订本），北京：

中华书局，1981 年。

[39]（清）谭嗣同：《谭嗣同集》，长沙：岳麓书社，2012 年。

[40]《湘报》报馆编：《湘报·上》（1－95 号），北京：中华书局，2006 年。

[41]《湘报》报馆编：《湘报·下》（96－177 号），北京：中华书局，2006 年。

[42] 湖南省地方志编纂委员会编：《湖南省志》（第九卷），长沙：湖南出版社，1994 年。

[43] 郭钦编著：《湖南近现代工业史》，长沙：湖南人民出版社，2013 年。

[44] 周秋光编：《熊希龄集》（上册），长沙：湖南出版社，1996 年。

[45] 苑书义、孙华峰、李秉新主编：《张之洞全集》（第 5 册），石家庄：河北人民出版社，1998 年。

[46] 林乐和主编：《万国公报》（第二十六册），台北：华文书局股份有限公司，1968 年。

[47] 刘云波、李斌主编：《湖南经济通史·近代卷》，长沙：湖南人民出版社，2013 年。

[48]（清）梁启超著，方志钦、刘斯奋编注：《梁启超诗文选》，广州：广东人民出版社，1983 年。

[49] 翦伯赞等编：《戊戌变法》，上海：神州国光社，1953 年。

[50] 中国人民政治协商会议广东省委员会、文史资料研究委员会编：《广东文史资料》（第二十九辑），广州：广东人民出版社，1980 年。

[51]（清）梁启超：《梁启超全集》（第一册），北京：

北京出版社，1999 年。

［52］郑海麟：《思想 · 历史与文化评论》，长沙：湖南人民出版社，2010 年。

［53］中国历史文献研究会编：《中国历史文献研究集刊》，长沙：岳麓书社，1983 年。

［54］张周志等：《马克思主义哲学原典导读》，北京：中央编译出版社，2014 年。

［55］清华大学历史系编：《戊戌变法文献资料系日》，上海：上海书店出版社，1998 年。

［56］周秋光：《熊希龄传》，天津：百花文艺出版社，2006 年。

［57］社会科学战线编辑部编：《中国近代史研究论丛》，长春：吉林人民出版社，1981 年。

［58］杜迈之、刘泱泱、李龙如辑：《自立会史料集》，长沙：岳麓书社，1983 年。

［59］陈晓艳编著：《乱世兴国：寻找失落的儒商道德秘籍》，北京：中国社会出版社，2012 年。

［60］陈谷嘉、邓洪波主编：《中国书院史资料》（下册），杭州：浙江教育出版社，1998 年。

［61］张寅彭主编：《民国诗话丛编》，上海：上海书店出版社，2002 年。

［62］（清）谭嗣同撰，何执编：《谭嗣同集》，长沙：岳麓书社，2012 年。

［63］政协长沙市委员会文史资料研究委员会、政协浏阳县委员会文史资料研究委员会、谭嗣同纪念馆合编：《谭嗣同研究资料汇编》（内部刊物），1988 年。

［64］马勇：《中国近代通史 · 从戊戌维新到义和团

(1895—1900)》（第四卷），南京：江苏人民出版社，2005 年。

［65］黄林编：《近代湖南出版史料（178－179）》，长沙：湖南教育出版社，2012 年。

［66］邓洪波：《湖南书院史稿》，长沙：湖南教育出版社，2013 年。

［67］王松龄主编：《实用中国历史知识辞典》，长春：吉林文史出版社，1991 年。

［68］许顺富：《湖南绅士与晚清政治变迁》，长沙：湖南人民出版社，2004 年。

［69］南京大学历史系《中国历代名人辞典》编写组编：《中国历代名人辞典》，南昌：江西人民出版社，1982 年。

［70］郑振铎编：《晚清文选》，长春：吉林人民出版社，1998 年。

［71］郑大华等选注：《砭旧危言：唐才常、宋恕集》，沈阳：辽宁人民出版社，1994 年。

［72］白寿彝总主编，龚书铎分册主编：《中国通史·第 11 卷·近代前编（1840—1919）》（下册），上海：上海人民出版社，2015 年。

［73］董方奎：《梁启超家族百年纵横》，武汉：崇文书局，2012 年。

［74］许刚：《国学而立集》，武汉：华中师范大学出版社，2013 年。

［75］鲁迅：《鲁迅全集·编年版》（第 3 卷），北京：人民文学出版社，2014 年。

［76］《文史资料选辑》编辑部编：《文史资料选辑·合订本》（第 87 辑），北京：中国文史出版社，2000 年。

［77］郑海麟：《黄遵宪传》，北京：中华书局，2006 年。

［78］刘纳编著：《陈三立：评传·作品选》，北京：中国文史出版社，1998 年。

［79］孙来斌主编：《民族精神　时代精神　共同理想——中国特色社会主义共同理想》，武汉：武汉大学出版社，2014 年。

［80］谌旭彬：《中国：1864—1911》，杭州：浙江人民出版社，2012 年。

［81］何华辉：《比较宪法学》，武汉：武汉大学出版社，2013 年。

［82］戴玄之：《义和团研究》，北京：北京大学出版社，2010 年。

［83］毛泽东：《毛泽东选集》（第 4 卷），北京：人民出版社，1991 年。

［84］北京师范大学编写组编：《毛泽东选集》（第 5 卷），北京：人民出版社，1977 年。

［85］袁家荣主编：《中国正史要略》，北京：团结出版社，2014 年。

［86］耿立：《晚清民国那些人》，北京：现代出版社，2014 年。

［87］［苏］斯大林：《斯大林文选》，北京：人民出版社，1962 年。

［88］来凤仪选编：《鲁迅杂文》，杭州：浙江文艺出版社，2009 年。

［89］郭国祥：《马克思主义意识形态理论中国化、时代化、大众化研究》，上海：上海三联书店，2014 年。

［90］鲁迅：《热风》，北京：人民文学出版社，1980 年。

［91］鲁迅：《鲁迅杂文选集》，南昌：二十一世纪出版

社，2013 年。

［92］鲁迅：《鲁迅全集》（第 1 卷），北京：人民文学出版社，1981 年。

［93］鲁迅：《鲁迅全集·编年版》（第 8 卷），北京：人民文学出版社，2014 年。

后记

唐太宗曾对侍臣说："以铜为镜，可以正衣冠；以史为镜，可以知兴替；以人为镜，可以明得失。"他接受诤臣魏徵谏议：吸取隋亡教训，居安思危，戒奢以俭，任贤受谏，薄赋轻租，使得唐初出现了生产发展、社会繁荣的"贞观之治"的新兴局面。

在甲午中日战争之后，陈宝箴主政湖南期间，推行新政：整肃吏治，赈灾垦荒，兴办实业，鼓励工商；立会兴学，培植贤良；开创报馆，倡说救亡，举荐人才，治国兴邦；振兴湖南，为天下倡。新政推动了湖南的近代化发展，使湖南成为全国变法维新的一面旗帜。

陈宝箴敢于在晚清封建制度的统治下，独树一帜，积极推行戊戌变法，在湖南开辟变法图强的新政天地，其惊人的胆量、聪敏的智慧和卓越的才能无不令人钦佩。陈宝箴的成就与他的家族家风、教养教育以及躬身治学、治军、治政的长期历练实践有关。陈宝箴曾祖父、祖父两代人经过"筚路蓝缕，艰苦创辟"，为陈氏家族的兴盛奠定了基础：陈宝箴之父承前启后，努力打拼，使陈氏家族由以农为业转而以儒为业。陈宝箴继承了陈氏家族家风，受到严谨的教育和良好的教养，他从小聪敏过人，深得父祖先辈的喜爱。从父治军，初显才俊，进入军中幕僚，又先后得到席宝田、张之洞、曾国藩、郭松焘等重臣大吏的言传身教和面授机宜，加上自己躬身求教，得高人师长点拨，经过长期的治军、治政的历练，积聚了为官治政的卓越胆识和才能。在席宝田军中，陈宝箴发现席宝田与沈葆桢因隙不和，席公自恃治军有方，忽视沈公，而沈公自恃是朝臣林则徐甥婿而傲视席公，陈宝箴身为小小幕僚却成功调解了席沈矛盾。湖广总督张之洞也与沈葆桢不和，两大重臣互不相让，也是陈宝箴从中化解，由此可知陈宝箴的胆识、智慧和才能非同一般。

陈宝箴走马上任湖南巡抚面临的一大难题是：正值湖南水旱灾荒，饥民嗷嗷待哺，城乡民不聊生。陈宝箴以多年为官治政的人品和人格魅力一面向朝廷奏请赈灾，一面向湘籍京官发出赈灾求救公函。他一呼百应，朝廷和各省赈灾钱粮纷纷汇向湖南，京城和全国各级官绅慷慨助赈湖南灾区，使湖南安然渡过难关。

正因为陈宝箴具备了为官治政、为民请命和为国分忧的崇高品德和卓越才能，他在湖南推行新政也是一呼百应。在他周围集聚了以梁启超、谭嗣同、黄遵宪、熊希龄、唐才常、陈三立、朱昌琳等为代表的一大批变法维新志士，这些人成为陈宝箴振兴湖南的得力助手和治政精英。陈宝箴在反腐倡廉上贡献尤为突出。陈宝箴下车伊始面临的另一大难题便是湖南吏治腐败，积重难返。要推行新政必须下大力气，动大手术，彻底整肃吏治，根治腐败。他深入基层，明察暗访，掌握证据以后，从官场重灾区开刀，狠狠打击了贪官污吏，引起湖南官场震动。在反腐过程中虽也遇到不少阻力，但他力排众议，据实秉直上奏，得到光绪帝的鼎力支持。

综上所述，可以窥见陈宝箴反腐倡廉的胆略、敢作敢为的勇气、施政治事的才能、推行新政的魄力和振兴湖南的决心。陈宝箴为湖南新政蒙冤而死，为振兴湖南慷慨捐躯，给湖南人民留下了宝贵的精神财富，为湖南乃至全国的官员树立了光辉的榜样。当前我国下大决心重拳反腐，就是为深化改革扫清道路。因此，以史为镜，借鉴、继承陈宝箴反腐倡廉、造福桑梓、推行新政、振兴湖南的品德精神和优良传统，对促进改革，推动社会发展具有重要的现实意义，能看到陈宝箴的品德精神和优良传统后继有人，国人幸甚！

陈柏生

2016 年 5 月 10 日